일본인이 좋아하는 것

데이터로 이해하는 기호嗜好와 가치관

NIHONZIN NO SUKINA MONO
ⓒ 2008 by NHK Broadcasting Culture Research Institute
All rights reserved.

No part of this book may be used or reproduced in any manner
whatsoever without written permission except in the case of brief quotations
embodied in critical articles and reviews.

Originally published in Japan by Japan Broadcast Publishing Co., Ltd.
Korean Translation Copyright ⓒ 2009 by HANKOOK MUNWHASA
Korean edition published by arrangement with Japan Broadcast Publishing Co., Ltd.
through BC Agency

이 책의 한국어판 판권은 NHK출판사와의
독점 계약에 의해 한국문화사에 있습니다.
저작권법에 의하여 한국 내에서 보호를 받는 저작물이므로
무단전재와 무단복제를 금합니다.

일본인이 좋아하는 것

데이터로 이해하는 기호嗜好와 가치관

NHK방송문화연구소 여론 조사부 편저

이순형 옮김

한국문화사

> 저자와의
> 협의하에
> 인지생략

일본인이 좋아하는 것
데이터로 이해하는 기호嗜好와 가치관

2009년 8월 30일 초판 1쇄 인쇄
2009년 9월 5일 초판 1쇄 발행

편　저 : NHK방송문화연구소 여론 조사부
옮　김 : 이 순 형
발　행 : 김 진 수
편　집 : 최 정 미

발행처 / **한국문화사**
등록번호 / 2-1276호(1991.11.9)
주소 / 서울시 성동구 성수1가2동 656-1683번지
전화 / 464-7708(대표) · 팩스 / 499-0846
URL / www.hankookmunhwasa.co.kr
e-mail / hkm77@korea.com

잘못된 책은 교환해 드립니다.
이 책의 내용은 저작권법에 따라 보호받고 있습니다.

책값은 뒤표지에 있습니다.　　　ISBN 978-89-5726-705-9 93380

이 도서의 국립중앙도서관 출판도서목록(CIP)은 e-CIP 홈페이지
(http://www.nl.go.kr/cip.php)에서 이용하실 수 있습니다.
(CIP제어번호: CIP2009002699)

한국어로 옮기면서

 2008년 1월, 교토에 있는 総合地球環境学研究所의 프로젝트 회의 참석 후 귀국을 위해 오사카공항에서 일찌감치 탑승 수속을 끝내고 언제나처럼 남은 시간을 이용해 공항 내 서점으로 발길을 옮겼다. 좁은 서점 안은 신간과 화제작으로 가득 차 있었다. 코너별로 진열된 수많은 책들 가운데 '오늘의 신간' 코너에 꽂혀 있던 한 권의 책이 눈에 들어왔다. NHK출판사의 『日本人の好きなもの-データで読む嗜好と価値観』(일본인이 좋아하는 것-데이터로 이해하는 기호와 가치관)이라는 책이었다.
 과거 일본에 다년간 거주도 해 보고 수많은 일본인 친구, 지인, 선생님들과 오랫동안 교류를 나누고 현재 일본어를 가르치고 있으면서도 정작 일본에 대해서 아는 것이 별로 없다는 일종의 자괴감이 작용했기 때문일까? 이 책을 보자마자 주저 없이 구입해서 공항 터미널에서 바로 읽어보았다. 그리고 결심하였다. 이 책을 한국인 독자들에게도 소개해 보자고…
 이 책은 저명한 사회학자의 이론이나 주관적이고 난해한 설명이 아닌 불특정 다수 일본인들을 대상으로 다양하고 흥미로운 질문을 통한 여론 조사 결과를 수치로 제시하고 있기 때문에 그 누구라도 이 책을 통해 일본인들의 다양하고 흥미로운 기호와 가치관을 이해할 수 있다. 따라서 가급적 원문을 훼손하지 않는 범위에서 한국인 독자들이 비교적 손쉽게 일본과 일본인을 이해할 수 있도록 한국어로 옮기게 되었다.
 이 책을 한국어로 옮길 수 있는 기회를 준 일본 NHK출판사의 오하시 하루오大橋晴夫사장님과 사노 도모히로佐野朋弘씨를 비롯한 관계자 여러분께 감사를 드린다. 그리고 어려운 출판 여건 속에서 독점 계약을 통한 출판을 기꺼이 허락해 주신 한국문화사의 김진수 사장님과 더운 여름 땀 흘리며 작업에 애써주신 관계자 여러분께 깊이 감사를 드린다.

이 책을 통해 「먼」 일본이 조금은 친숙하고 가까워지는 계기가 되기를 기대하며, 객관적인 근거 자료를 토대로 일본과 일본인의 기호와 가치관을 제대로 이해할 수 있는 기회가 되기를 바란다.

2009년 매미소리가 기승을 부리는 더운 여름날.
옮긴이 이순형

서│두

「간사이關西 사람은 웃음을 좋아한다」
「신슈信州 사람은 논쟁하기를 좋아한다」
「에도江戸 태생은 축제(마쓰리)를 좋아한다」

　이러한 말을 듣는 일이 종종 있다. 물론 간사이關西 사람이 다 웃음을 좋아한다고는 할 수 없고, 신슈信州 사람이라고 해도 논쟁하기를 싫어하는 사람도 있다. 이러한 견해가 고정관념에 지나지 않는다고도 할 수 있지만 이러한 표현이 정착한 것은 집단의 이미지가 많은 사람들에게 공유되어 있음을 나타내는 것이다. 그리고 간사이關西 사람, 신슈信州 사람, 에도江戸 (지금의 도쿄東京) 태생이라는 집단의 특징을 일괄하여 좋아하는 것으로 표현하고 있다.
　개를 좋아하든 고양이를 좋아하든 아니면 돌고래를 좋아하든, 우리들은 좋아하는 동물을 사람 됨됨이와 관련지어 생각하는 경우가 있다. 물론 개를 좋아하는가 고양이를 좋아하는가에 따라 그 사람의 됨됨이가 정해지는 것은 아니지만 좋아하는 동물을 그 사람의 개성을 판단하는 하나의 자료로 삼고 있다.
　대부분의 일본인이 좋아하는 것에 대해 파악해 두면 현대 일본인의 특징을 떠올릴 수 있을 것으로 생각하여, NHK방송문화연구소에서는 2007년 3월에 「일본인이 좋아하는 것」이라는 여론 조사를 실시하였다. 여론 조사라고 하면 주로 정치적인 논쟁이 되는 사안에 대해 찬반을 묻는 조사를 떠올릴 것이다. 물론 NHK에서도 정치적 논점에 대해 여론 조사를 하고 있지만, 일본인의 사고방식이나 가치관 등을 파악하기 위한 조사도 수없이 많이 실시하고 있다. 이번(2007년) 조사도 그러한 조사의 하나로 본 저서는 그 결과를 정리한 것이다.

좋아하는 것을 묻는 질문은 전부 54문항으로 구성되어 있다. 조사 결과로 드러난 일본인의 기호嗜好를 단적으로 표현하면 「개를 데리고 벚꽃을 즐기면서 스시를 먹는다」이다. 좋아하는 동물로는 1위가 「개」, 좋아하는 꽃과 나무는 「벚꽃」, 좋아하는 요리 1위는 「스시(초밥)」였다. 「개」, 「벚꽃」, 「스시(초밥)」는 단순히 많은 사람이 대답했다고 하는 것뿐 아니라 남녀나 연령층에 따른 격차가 적고 폭넓게 좋아한다는 사실이 드러났다. 제 1장에서는 우선 음식과 스포츠, 동식물 등 각각 분야별로 조사한 질문 결과를 소개하고 있다.

제 2장에서는 남녀, 연령층에 따른 차이와 1983년에 실시한 조사와의 세밀한 비교를 통해 파악한 특징을 분석하고 있다. 분석 결과로 드러난 것은 화조풍월花鳥風月보다도 먹는 것에 더 관심을 가지고 있다는 경향과 국민 전체가 좋아하는 것, 다시 말해 전반적으로 좋아하는 것이 줄어들고 있다는 경향이다.

이번(2007년) 조사에서는 전국 16세 이상의 국민을 무작위로 추출하여 3,600명에게 협력을 부탁하여 정밀도가 높은 데이터를 얻을 수 있었다. 무작위 추출의 이점利点은 조사 결과를 국민 전체에 대해 조사한 경우의 추정치로 취급할 수 있다는 점이다. 폭넓은 분야에서 좋아하는 것을 질문한 결과물인 만큼 내용이 풍부한 데이터를 얻을 수 있었다. 본 저서가 일본인과 앞으로 일본을 이해하는 데 참고가 된다면 우리는 더할 나위 없이 기쁠 것이다.

2008년 1월
NHK방송문화연구소 소장
사카키바라 하지메榊原 一

목|차

한국어로 옮기면서　v

서두　vii

「일본인이 좋아하는 것에 관한 조사」 개요　xii

「일본인이 좋아하는 것에 대한 조사」 질문 일람　xiii

제1장　테마별로 본 「일본인이 좋아하는 것」__1

1 스시すし 사시미さしみ 맥주에 딸기 ~음식~　3

2 개를 좋아하고 벚꽃을 좋아하는 일본인 ~동식물~　27

　　칼럼　밤을 좋아하는 신세대　43

3 보는 것은 프로야구, 하는 것은 볼링 ~스포츠~　45

　　칼럼　숫자로 보는 프로야구와 프로축구　56

4 여가는 TV, 여행은 온천 ~여가, 여행~　60

5 TV프로그램, 음악은 연령에 따라 큰 차이 ~미디어~ 74

　　　칼럼　영원한 방랑자 도라寅씨　85

6 홋카이도北海道, 후지산富士山, 시만토가와四万十川, 그리고 노부나가信長 ~지리, 역사~ 89

　　　칼럼　수리数理를 기피하는 염려되는 징후　104

7 럭키 세븐, 흰색 선호 ~숫자, 색깔~ 106

　　　칼럼　「좋아하는 집안일」이란 질문은 우문愚問?　120

8 「고마워」와 「마음」을 담아 ~말, 한자~ 122

제2장　데이터로 이해하는 일본인의 모습__131

1 화조풍월花鳥風月보다 음식 133

2 좋아하는 것의 '정점'은 요리, 음료 140

3 여성은 다양한 '미美'를 선호 144

4 「교진巨人・다이호大鵬・다마고야키卵焼き」 시대의 종식 147

5 어디로 향하나 「일본인이 좋아하는 것」 151

결어를 대신하여　155

감사의 글　161

권말 자료　163
- 「일본인이 좋아하는 것에 관한 조사」 집계 결과 상위　164
- 샘플 구성비　176

찾아보기　177

「일본인이 좋아하는 것에 관한 조사」 개요

1. 조사 목적 : 요리, 주거, 패션, 여가, 스포츠 등 다양한 분야에서 지금의 일본인이 좋아한다고 생각하는 것을 조사하여 기호嗜好 면에서 일본인의 생활 의식이나 가치관을 분석한다.
2. 조사 시기 : 2007년 3월 3일(토)~11일(일)
3. 조사 방법 : 배부 회수법
4. 조사 대상 : 전국 16세 이상 국민
5. 조사 상대 : 주민기본 대장에서 계층화 무작위 2단 추출 3,600명
6. 조사 유효수(율) : 2,394명(66.5%)

【지난번(1983년) 조사의 개요】

⟨A조사⟩
1. 조사 시기 : 1983년 10월 9일(일)~16일(일)
2. 조사 방법 : 배부 회수법
3. 조사 상대 : 전국의 16세 이상의 국민 3,600명
4. 조사 유효수(율) : 3,055명(84,9%)

⟨B조사⟩
1. 조사 시기 : 1983년 10월3일(월)~27일(목)
2. 조사 방법 : 우송법
3. 조사 상대 : 전국 7세 이상의 국민 3,600명
4. 조사 유효수(율) : 2,316명(64.3%)

주
  ○ 결과의 %는 소수점 이하를 사사오입四捨五入으로 하여 정수로 표시하고 있다.
    「순위」는 사사오입하기 전의 수치를 순서대로 열거한 것이다.
  ○ 조사에는 어느 정도 오차를 포함한다. 수(%)의 차가 있어도 대소大小 관계를 통계적으로 말할 수 없는 경우가 있다.

「일본인이 좋아하는 것에 관한 조사」 질문 일람

질문번호	질문 테마	질문 방법	선택지 수	지난번 조사
1	요리	MA	62	A
2	조미료·향신료	MA	42	A
3	음료	MA	37	-
4	주류	MA	20	A
5	야채	MA	62	-
6	과일	MA	37	A
7	과자·디저트	MA	52	-
8	주거 형태	MA	10	A
9	의류패션	MA	32	-
10	장식품·소품	MA	38	A
11	보석·천연석	MA	27	A
12	가사	MA	22	A
13	초등학교 학과목	MA	13	B
14	중학교 학과목	MA	17	-
15	여가 때 하는 것	MA	48	A
16	보는 스포츠	MA	57	A
17	하는 스포츠	MA	52	A
18	일본 프로야구팀	MA	13	B
19	일본 프로축구팀	MA	20	-
20	스포츠 선수	FA(세 사람까지)	-	B
21	여행 장르	MA	48	-
22	신문기사란	MA	34	A
23	TV프로그램 장르	MA	17	-
24	탤런트·가수	FA(세 사람까지)	-	-
25	나라·지역	MA	52	A
26	도도부현(행정구역)	MA	48	A
27	산(산계)	MA	42	A
28	강	MA	32	A
29	동물	MA	52	B
30	꽃	MA	50	A
31	나무	MA	30	A
32	새	MA	42	A
33	음악 장르	MA	40	-
34	음악가	FA(세 사람까지)	-	-
35	미술가·아티스트	FA(세 사람까지)	-	-
36	작가	FA(세 사람까지)	-	-
37	악기	MA	57	A
38	말	MA	62	A
39	일본 역사상 시대	MA	18	A
40	역사상 인물	FA(세 사람까지)	-	-
41	일본 수상	MA	58	-
42	연령	MA	9	A
43	건강법	MA	47	A
44	문화·오락시설	MA	27	-
45	일본 영화	FA(세 개까지)	-	A
46	외국 영화	FA(세 개까지)	-	A
47	계절	MA	5	A
48	월	MA	13	A
49	요일	MA	8	A
50	시간대	MA	9	-
51	색깔	MA	40	A
52	숫자	MA	11	A
53	방향	MA	5	A
54	한자	FA(한 문자)	-	-

MA···선택지 방식(복수 응답)
FA···자유응답방식
선택지 수는「그 외」,「특별히 없음」을 포함.
지난번 조사에서「-」는 이번에 신설한 질문이나 지난번에 질문한 테마를 수정한 것.

일·본·인·이·좋·아·하·는·것

제 **1** 장

테마별로 본 「일본인이 좋아하는 것」

1 스시すし 사시미さしみ 맥주에 딸기   ~음식~

 이번(2007년) 조사에서 「좋아하는 것」을 질문하는 데 있어 우선 주변에서 쉽게 접할 수 있는 것부터 다루자는 의미에서 **좋아하는 요리**를 첫 번째 질문으로 내세웠다. 매일 식사를 하고 있기 때문에 좋아하는 것을 떠올리기 쉬울 것이다. 우선 2005년에 시행된 「식육기본법食育基本法」에서 「식육食育」이 「삶을 영위하는 데 있어 기본이고 지육知育, 덕육德育 및 체육体育의 기초가 되는 것」이라고 정의되어 있듯이 식사는 생활의 기본이다. 요리에 뒤이어 **조미료·향신료, 음료, 주류, 야채, 과일, 과자·디저트** 등에 대해서도 동일하게 질문하여 일본인의 음식에 대한 기호嗜好를 구체적으로 알 수 있었다. 주요한 조사 결과의 소개는 음식에 관한 질문부터 시작하기로 한다.

「스시すし」가 최고

 좋아하는 요리(문항1)는 「니자카나(생선조림)」나 「야키자카나(생선구이)」 등 60개의 구체적인 요리와 「그 외」, 「특별히 없음」을 포함하여 62개의 선택지에서 복수 응답으로 고르게 했다. 이번(2007년) 조사에서는 54문항 중에서 45문항이 이와 같이 복수 응답의 선택지로 묻는 방식이고, 나머지 9문항은 선택지를 제시하지 않고 조사 상대에게 자유롭게 답하게 하는 자유응답식이다.
 요리 중 1위를 차지한 것은 「스시(초밥)」이었다(표 I-1). 좋아하는 비율(=지지율)은 73%, 다시 말해 일본인의 70% 이상이 「스시(초밥)를 좋아하는」 것으로 간주할 수 있었다.

표 I-1 좋아하는 요리 베스트 20

(단위: %)

	今回(2007年)			前回(1983年)	
1위	스시 (すし)	73	1위	스시 (すし)	73
2위	사시미 (刺身)	67	2위	사시미 (刺身)	67
3위	라멘 (ラーメン)	62	3위	스키야키 (すき焼き)	61
4위	미소시루 (みそ汁)	62	4위	쓰케모노 (漬物)	59
5위	야키자카나 (焼き魚)	60	5위	우동 (うどん)	57
6위	야키니쿠・텝판야키 (焼き肉・鉄板焼き)	59	6위	차완무시 (茶わんむし)	57
7위	카레라이스 (カレーライス)	58	6위	템푸라 (天ぷら)	57
8위	교자 (ギョーザ)	57	8위	사라다 (サラダ)	57
9위	사라다 (サラダ)	56	9위	야키니쿠 (焼肉)	57
10위	부타지루・겐친지루 (豚汁・けんちん汁)	55	10위	라멘 (ラーメン)	53
11위	스키야키・샤부샤부 (すき焼き・しゃぶしゃぶ)	55	11위	에비후라이 (えびフライ)	52
12위	니쿠자가 (肉じゃが)	54	12위	야키자카나 (焼き魚)	51
13위	다키코미고한・고모쿠고한 (炊き込みご飯・五目ご飯)	53	13위	오뎅 (おでん)	50
14위	소바・니혼소바 (そば・日本そば)	53	14위	야사이이타메 (野菜いため)	50
15위	도리노가라아게・다쓰다아게 (鶏のから揚げ・竜田揚げ)	51	15위	히야메시 (冷や飯)	48
16위	우동・기시멘 (うどん・きしめん)	51	16위	카레라이스 (カレーライス)	48
17위	템푸라 (天ぷら)	51	17위	비후테키 (ビフテキ)	47
18위	쓰케모노 (漬物)	50	18위	소바 (そば)	46
19위	오뎅 (おでん)	50	19위	스노모노 (酢の物)	45
20위	낫토 (納豆)	48	20위	야키소바 (焼きそば)	45

2위는 「사시미(생선회)」로 67%, 2위까지는 일본식 어패류 요리가 주류를 이루었지만, 뒤이어 3위에 오른 것은 「라멘(라면) 62%」, 4위는 「미소시루(된장국) 62%」이었다. 「라멘(라면)」은 원래는 중국요리였지만, 전후(1945년 이후) 인스턴트 라면이 개발되어 가정에서 손쉽게 즐길 수 있게 되었다. 또 아사히가와旭川, 삿포로札幌, 와카야마和歌山, 하카타博多 등 지방별로 명물 라면이 생겨나면서 일본 음식으로 정착하게 되었다.

 여기에서 지난번(1983년) 조사 결과를 보기로 하자. 선택지가 다르기 때문에 직접 비교는 안되지만 대강의 경향을 살펴 볼 수 있다. 「라멘(라면)」은 지난번(1983년) 결과에서는 53%로 10위였던 것을 생각하면 상당히 순위가 상승했다. 「미소시루(된장국)」는 지난번(1983년) 조사에서 선택지에 넣지 않았기 때문에 표에는 들어가 있지 않지만 예전에는 아침·저녁 식탁에 꼭 올라오는 일품이었다. 그러나 서양식 요리의 보급과 저염분 식사가 권장되면서 가정의 식탁에서는 예전만큼 볼 수 없게 되었지만, 일본인들이 여전히 즐겨먹는 요리 중의 하나는 「미소시루(된장국)」이다. 특히 고령층에서 인기가 있었다. 그리고 「야키자카나(생선구이)」가 60%로 그 뒤를 잇는다. 지난번(1983년) 조사에서 「스시(초밥)」는 지금보다도 훨씬 고봉의 꽃이었다. 스시(초밥) 가게에서 먹게 된 것은 성인이 되고 난 후이고 어릴 때는 가끔 배달 스시를 먹는 게 고작이었다. 하지만 지금은 회전초밥의 보급으로 인해 패스트 푸드의 일종으로 정착하게 되었다. 지난번(1983)의 조사 결과와 비교해서 「스시(초밥)」가 같은 1위라고 해도 그것이 의미하는 점은 다를 것이다.

 상위 10위까지의 요리를 장르별로 나누면 「일식日食」이 5개, 「비일식非日食」이 5개로 딱 반반이 된다. 지난번(1983년)은 「일식日食」이 7개, 「비일식非日食」이 3개였기 때문에 「일식이 아닌」 요리의 비율이 늘어난 것이다. 개중에서 지난번(1983년) 베스트 10에 들어가지 않았던 「카레라이스 (58%)」, 「교자(만두) 57%」는 어린이나 어른 모두 좋아하는 가정요리의 기본 메뉴이다. 한편 이번(2007년)에 상위권에 오르지 못한 「스키야키(전골요리)」, 「쓰케모노(야채절임)」, 「우동」은 지난번(1983년) 조사에서는 고령층에서 많이 좋아하는 것으로 드러났다. 세대교체가 일어남으로 좋아하는 요리의 종류가 변화한 것으로 생각된다.

<남성·신세대>적 요리는 「라멘ラーメン」, 「야키니쿠焼き肉」

그림 I-1은 특정 요리를 좋아한다고 대답한 남성 응답자의 비율(=「남성률」)과 50세 미만의 응답자의 비율(=「50세 미만율」)의 관계를 나타낸 것이다. 1.0에서 「남성률」을 빼면 여성 응답자의 비율이, 「50세 미만율」을 빼면 50세 이상의 응답자 비율이 된다. 이번(2007년) 조사 전체에서는 유효 응답자의 「남성률」은 0.46, 「50세 미만율」은 0.49로, 「남성률」이나 「50세 미만율」이 이들 비율 값에서 벗어날 정도로 남녀차나 연령차가 있다고 생각된다. 즉, 「남성률」이 0.46보다 높아질수록 「해당 요리는 상대적으로 남성 응답자가 많은 <남성>적」임을 의미하고, 「50세 미만율」이 0.49보다 높을수록 「해당 요리는 상대적으로 50세 미만의 응답자가 많은 <신세대>적」임을 의미한다.

그림 I-1 「요리」의 분포도

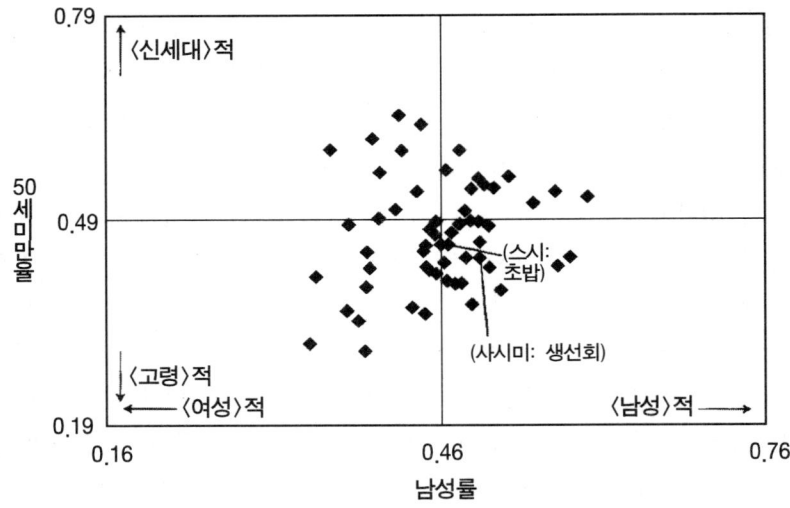

요리의 분포도로 다시 눈을 돌리면 전체적으로 두 축의 교차점을 감싸듯이 분포도가 〈남성〉방향으로는 집중되어 있고, 〈여성〉방향으로는 분산되어 있음을 알 수 있다. 지지율 1위인「스시(초밥)」는「남성률」이 0.47,「50세 미만율」이 0.46이고, 남녀차, 연령차는 거의 없다. 2위인「사시미(생선회)」는 0.50과 0.44로 약간 〈남성·고령〉적이라고 할 수 있다.「남성률」이 가장 높았던 것은「가쓰돈(덮밥)」, 낮았던 것은「아에모노(무침)」이고「50세 미만율」이 가장 높았던 것은「피자」, 낮았던 것은「오히타시(나물무침)」이었다(표 I-2).「남성률」과「50세 미만율」이 양쪽 다 높았던 것은「야키니쿠·텝판야키(불고기·철판구이)」,「야키토리(꼬치구이)」이고 이는 〈남성·신세대〉적 요리가 된다.

표 I-2 좋아하는 요리 【남성률과 50세 미만율】

	남성률이 높다(남성적)			남성률이 낮다(여성적)	
1위	가쓰돈 (カツ丼)	0.60	1위	아에모노 (あえ物)	0.34
2위	우나돈 (うな丼)	0.58	2위	쓰쿠젠니·가메니 (筑前煮·がめ煮)	0.35
3위	우나기노카바야키 (うなぎのかば焼き)	0.57	3위	그라탕 (グラタン)	0.36
4위	비후스테키 (ビーフステーキ)	0.57	4위	니모노 (煮物)	0.38
5위	돈가스 (とんかつ)	0.55	5위	사라다 (サラダ)	0.38
6위	야키토리 (焼き鳥)	0.52	6위	스노모노 (酢の物)	0.39
7위	야키니쿠·텝판야키 (焼き肉·鉄板焼き)	0.52	7위	오히타시 (おひたし)	0.39
8위	히야얏코 (冷ややっこ)	0.52	8위	긴삐라 (きんぴら)	0.39
9위	라멘 (ラーメン)	0.51	9위	다키코미고한·고모쿠고한 (炊き込みご飯·五目ご飯)	0.39
10위	소바·니혼소바 (そば·日本そば)	0.51	10위	차완무시 (茶わん蒸し)	0.40

	50세 미만율이 높다(신세대층)			50세 미만율이 낮다(고령층)	
1위	피자	0.64	1위	오히타시 (おひたし)	0.30
2위	햄버거	0.63	2위	아에모노 (あえ物)	0.31
3위	스파게티·파스타	0.61	3위	스노모노 (酢の物)	0.34
4위	하야시라이스 (ハヤシライス)	0.59	4위	니자카나 (煮魚)	0.35
5위	그라탕 (グラタン)	0.59	5위	니모노 (煮物)	0.36
6위	오므라이스·치킨라이스	0.59	6위	쓰케모노 (漬物)	0.36
7위	도리노카라아게·다쓰다아게 (鶏のから揚げ·竜田揚げ)	0.56	7위	유도후 (湯豆腐)	0.37
8위	하루마키 (春巻き)	0.56	8위	히야얏코 (冷ややっこ)	0.39
9위	야키니쿠·텝판야키 (焼き肉·鉄板焼き)	0.55	9위	긴삐라 (きんぴら)	0.39
10위	야키토리 (焼き鳥)	0.55	10위	미소시루 (みそ汁)	0.40

반대로 〈여성·고령〉적 요리는「아에모노(무침)」,「오히타시(나물무침)」이었다. 남성의 취향은 덮밥류의「주식계主食系」와 육류, 여성은 야채가 중심이지만「그라탕」,「다키코미고한·고모쿠고한」[1] 등 간이 들어간 주식主食도 인기가 있다. 신세대들에게 인기가 있는 요리에는「피자」,「햄버거」,「스파게티」,「파스타」와 어린이용 런치와 같은 메뉴가 뒤를 잇는다. 고령자가 좋아하는 요리의 필두는「아에모노(무침)」나「오히타시(나물무침)」와 같은 야채나 채소, 두부 요리이고 일식日食중심의 요리가 주를 이룬다.

---

[1] 역주: 다키코미고한(Takikomi gohan): 혼합하여 지은 밥, 쌀 요리의 하나. 가미한 약밥 또는 오목밥(Gomoku gohan:五目ご飯)이라고도 한다. 밥을 할 때에 여러 가지 재료를 함께 혼합해서 지어 먹는 것을 말한다. 다시마, 우려낸 국물, 간장 등으로 조미하는 경우가 많다. 제철 식품 재료를 혼합하여 사용하므로 계절감을 낼 수 있다. 또 혼합하여 지음으로써 식품 재료의 맛을 모두 밥에 흡수하게 할 수 있다는 이점도 있다. 한꺼번에 밥과 반찬을 모두 먹을 수 있고 식어도 맛있기 때문에 역에서 파는 도시락으로 인기가 있다.

맛의 기본 「된장」, 「간장」

좋아하는 조미료·향신료(문항2)는 조미료인 「된장(64%)」, 양념계인 「파(62%)」가 상위1, 2위에, 3위에 「참깨(56%)」, 그리고 「생강(56%)」, 「마요네즈(55%)」가 그 뒤를 잇는다. 이번(2007년)에는 「연한맛 간장(39%)」과 「진한맛 간장(39%)」을 각각 선택지로 했지만, 간장으로 일괄했을 경우 겹친 사람을 제외하면 지지율은 63%가 되어 「된장」 다음에 들어가게 된다(표 I-3). 또 지난번(1983년) 조사에서 「된장」은 선택지에 들어가 있지 않았다. 조미료의 관점에서 좋아하는 요리를 바라보면 1위인 「스시(초밥)」와 2위인 「사시미(생선회)」도 「간장」 없이는 생각할 수 없다. 또 「미소시루(된

표 I-3 좋아하는 조미료·향신료 베스트 20

(단위: %)

今回(2007年)			前回(1983年)		
1위	된장	64	1위	간장	65
2위	파	62	2위	생강	59
3위	참깨	56	3위	마요네즈	56
4위	생강	56	4위	와사비(고추냉이)	55
5위	마요네즈	55	5위	시소(紫蘇)	48
6위	와사비(고추냉이)	53	6위	버터	48
7위	폰스(pons)	51	7위	파래	47
8위	설탕	50	8위	설탕	47
9위	후추	49	9위	후추	46
10위	참기름	48	10위	깨소금(참깨만 갈아 만든 것)	43
11위	마늘	48	11위	소금	42
12위	소금	48	12위	식초	41
13위	식초	48	13위	불고기 양념	41
14위	시소(紫蘇)	47	14위	마늘	40
15위	드레싱	41	15위	돈가스 소스	39
16위	불고기 양념	41	16위	드레싱	38
17위	유자	40	17위	초된장	36
18위	연한맛 간장	39	18위	유자	35
19위	진한맛 간장	39	19위	양하(茗荷)	35
20위	버터	37	20위	카레	35

장국)」에는 당연 「된장」이 맛을 결정짓는 수단이 되고, 또한 「라멘(라면)」은 「된장파派」, 「간장파派」로 맛의 취향은 나뉘겠지만 어쨌든 간에 「된장」, 「간장」이 맛의 기본이라고 할 수 있을 것이다.

여기에서 남녀별로 정리한 표 I-4를 보자. 역시 있다. 「마요네즈」가……. 「마요네즈」를 좋아하는 사람은 남성 신세대층에서는 「불고기조미양념燒き肉のたれ」과 나란히 47%, 여성 신세대층에서는 49%였다. 여성 신세대층의 상위권 조미료 「폰스(pons)」, 「마요네즈」, 「드레싱」은 통계적인 오차 범위 내에서는 거의 비슷하다. 모두 야채에 묻히거나 뿌리는 것으로 젊은 여성이 샐러드를 좋아하는 것과 관계가 있어 보인다.

표 I-4 좋아하는 조미료·향신료 【남녀 연령층별】
(단위: %)

남성 16~29세			여성 16~29세		
1위	마요네즈	47	1위	폰스(pons)	50
1위	불고기 양념	47	2위	마요네즈	49
3위	파	43	3위	드레싱	48
4위	와사비(고추냉이)	42	4위	파	46
5위	된장	42	5위	된장	45
6위	마늘	36	6위	후추	44
7위	설탕	35	7위	소금	44
7위	소금	35	8위	설탕	41
9위	폰스(pons)	34	8위	불고기 양념	41
10위	후추	33	8위	시소(紫蘇)	41

남성 30~59세			여성 30~59세		
1위	와사비(고추냉이)	59	1위	참깨	65
2위	된장	58	2위	파	62
2위	파	58	3위	생강	62
4위	마요네즈	57	4위	된장	61
5위	마늘	55	5위	마요네즈	60
6위	생강	52	6위	폰스(pons)	57
7위	소금	51	7위	참기름	57
7위	후추	51	8위	시소(紫蘇)	53
9위	참깨	46	9위	식초	51
10위	폰스(pons)	46	10위	후추	50

남성 60세 이상		
1위	된장	77
2위	파	69
3위	와사비(고추냉이)	61
4위	생강	56
5위	설탕	55
6위	참깨	54
7위	식초	52
8위	소금	48
8위	파래	48
10위	마늘	47

여성 60세 이상		
1위	된장	84
2위	참깨	78
3위	식초	75
4위	파	75
5위	설탕	72
5위	생강	72
7위	시소(紫蘇)	67
8위	미림(조미술)	64
9위	참기름	64
10위	폰스(pons)	63

녹차와 커피?, 아이스크림과 도라야키どら焼き?

좋아하는 음료(문항3)는 「녹차(68%)」와 「커피(66%)」가 1, 2에 올랐다. 3위 이하 「우유(49%)」, 「보리차(46%)」, 「미네랄워터(42%)」, 「홍차(41%)」가 그 뒤를 이었다(표 I-5).

지난번(1983년)에는 「음료·단맛」이라는 분류로 질문을 해서 「커피」의 지지율은 61%, 「녹차」는 38%로 커피의 인기가 압도적이었다. 「녹차」가 지지율을 크게 늘린 배경에는 근래 20여 년 사이에 보급된 「페트병 음료」를 생각할 수 있다. 종래에는 녹차 전용 주전자에 넣어 마시던 「녹차」를 손쉽게 즐길 수 있게 되었기 때문일지도 모른다. 연령별로 보면 신세대층과 고령층에서 특히 인기가 높아지고 있다(표 I-6).

표 I-5 좋아하는 음료 베스트 20
(단위: %)

1위	녹차	68
2위	커피	66
3위	우유	49
4위	보리차	46
5위	미네랄워터	42
6위	홍차	41
7위	주스(과즙)	38
8위	현미차	36
9위	호우지차	36
10위	코코아	35
11위	다시마차	30
12위	스포츠드링크	29
13위	주스(야채)	28
14위	코크	24
15위	레몬스카시	23
16위	단술	22
17위	사이다	22
18위	수돗물	21
19위	유산음료	19
20위	빙수(얼음물)	19

표 I-6 좋아하는 음료【남녀 연령층별】

(단위: %)

남성 16~29세		
1위	녹차	51
2위	주스(과즙)	47
3위	커피	46
3위	코크	46
5위	보리차	43
5위	스포츠 드링크	43
7위	코코아	42
8위	미네랄워터	39
8위	우유	39
10위	홍차	33

여성 16~29세		
1위	녹차	59
2위	코코아	54
3위	홍차	53
4위	주스(과즙)	52
5위	커피	47
6위	미네랄워터	46
6위	보리차	46
8위	우유	39
9위	호우지차	35
10위	현미차	34

남성 30~59세		
1위	커피	73
2위	녹차	65
3위	우유	50
4위	보리차	46
5위	미네랄워터	42
5위	스포츠 드링크	42
7위	주스(과즙)	38
8위	홍차	34
8위	코크	34
10위	현미차	31

여성 30~59세		
1위	커피	71
2위	녹차	69
3위	홍차	49
4위	우유	46
5위	보리차	45
6위	현미차	41
7위	미네랄워터	41
8위	호우지차	40
9위	코코아	36
10위	주스(과즙)	34

남성 60세 이상		
1위	녹차	70
2위	커피	63
3위	우유	57
4위	보리차	44
5위	다시마차	41
6위	미네랄워터	40
7위	주스(과즙)	39
8위	수돗물	34
9위	현미차	30
9위	스포츠 드링크	30

여성 60세 이상		
1위	녹차	81
2위	커피	68
3위	우유	57
4위	보리차	52
5위	호우지차	50
6위	현미차	49
7위	다시마차	48
8위	홍차	44
8위	단술	44
10위	미네랄워터	42

「페트병 음료」로서는 「미네랄워터」쪽이 먼저 시장에 나오기 시작했다. 국산·수입산 할 것 없이 다양한 물을 현재는 손쉽게 구할 수 있으며 남녀나 연령에 따른 차이가 없고 골고루 인기를 모으고 있다. 그 중에서 남성 고령층에서만 「수돗물」이 들어가 있다. 사실은 여성 고령층에서도 이 표에는 들어가 있지 않지만 「수돗물」은 37%로 일정 수치의 지지를 얻고 있다.

좋아하는 야채(문항5)는 이번(2007년)에 새롭게 설정한 질문이다. 「양배추(70%)」, 「양파(68%)」, 「무(68%)」, 「파(67%)」, 「배추(66%)」가 상위에 열거되었다(표 I-7). 가격이 비교적 저렴하고 손쉽게 이용할 수 있는 점이 인기의 이유인 것 같다.

연령에 따른 차이는 표 I-8을 보자. 신세대층에만 들어가 있는 것은 「양상추」, 반대로 신세대층에는 들어가 있지 않는 것이 「토마토」와 「가지」이다. 또한 여성 중년층에만 있는 「브로콜리」, 남성 고령층에만 「오이」가 있다. 남성의 모든 연령층에 「시금치」가 들어가 있는 것은 영양가를 생각하고 있기 때문일지도 모른다. 여성은 「단호박」, 「고구마」와 같은 단맛이 나는 야채를 좋아하는 것 같다.

60여 종의 야채를 선택지로 했지만 유효 응답의 과반수 이상이 좋아하는 것, 즉 지지율이 50%를 넘는 것은 21개가 있었다. 각각 야채의 「남성률」과 「50세 미만율」이 어떻게 분포하고 있는가를 보면 〈여성·고령〉적인 영역에 거의 대부분의 야채가 집중해 있는 것을 알 수

표 I-7 좋아하는 야채 베스트 20
(단위: %)

순위	야채	%
1위	양배추	70
2위	양파	68
3위	무	68
4위	파	67
5위	배추	66
6위	감자	65
7위	시금치	65
8위	토마토	64
9위	가지	63
10위	에다마메	61
11위	오이	60
12위	양상추	59
13위	생표고버섯	56
14위	고구마	56
15위	콩나물	55
16위	옥수수	54
17위	참마	53
18위	브로콜리	53
19위	호박	52
20위	죽순	52

표 I-8 좋아하는 야채 【남녀 연령층별】

(단위: %)

남성 16~29세		
1위	양배추	58
2위	파	54
3위	감자	53
4위	무	52
5위	양파	50
6위	양상추	50
7위	시금치	49
8위	옥수수	47
9위	콩나물	47
10위	에다마메	46

여성 16~29세		
1위	고구마	70
2위	감자	64
3위	양배추	62
4위	양상추	61
5위	호박	57
6위	배추	56
7위	무	56
8위	콩나물	55
9위	양파	55
10위	에다마메	54

남성 30~59세		
1위	양배추	69
2위	양파	69
3위	파	68
4위	배추	65
5위	무	65
6위	시금치	62
7위	에다마메	62
8위	토마토	59
9위	감자	59
10위	가지	59

여성 30~59세		
1위	무	68
2위	양파	68
3위	양배추	68
4위	감자	67
5위	토마토	65
6위	가지	64
7위	시금치	63
8위	브로콜리	63
9위	파	63
10위	고구마	62

남성 60세 이상		
1위	배추	76
2위	파	75
3위	시금치	73
4위	양배추	73
5위	가지	72
6위	양파	72
7위	무	69
8위	토마토	66
9위	오이	65
10위	감자	64

여성 60세 이상		
1위	무	82
2위	시금치	81
3위	양배추	81
4위	배추	80
5위	감자	80
6위	토마토	80
7위	파	79
8위	양파	79
9위	호박	78
10위	가지	76

그림 I-2 「야채」의 분포도

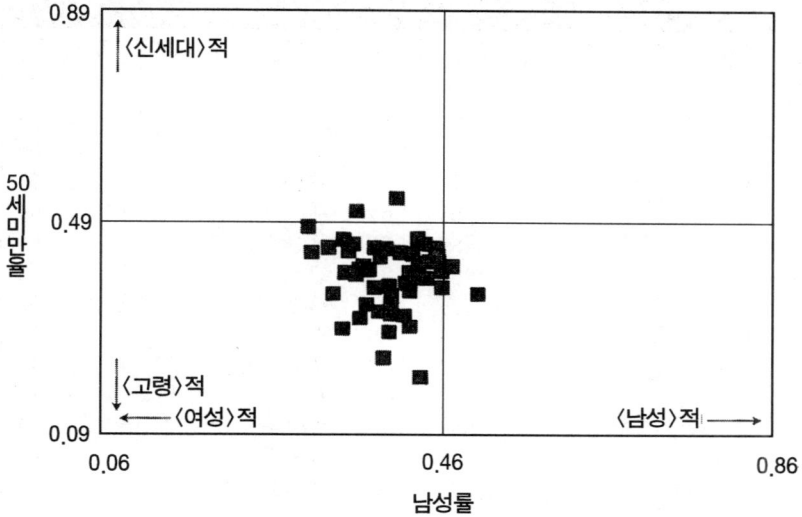

있다(그림 I-2). 각각의 층에서 위에서 10번째에 있는 야채의 지지율을 비교하면 가장 높은 것은 여성 고령층의 「가지」로 76%, 가장 낮은 것은 남성 신세대층의 「에다마메(가지풋콩 또는 그것을 꼬투리째 삶은 것)」로 46%였다. 여성 신세대층에서도 「에다마메(가지풋콩 또는 그것을 꼬투리째 삶은 것)」가 54%라는 결과로 봐서 신세대들은 그다지 야채에 관심이 없는 것으로 볼 수 있다.

좋아하는 과일(문항6)의 1위는 「딸기(75%)」이다. 이것은 **여가 때 하고 싶은 것(문항15)**의 1위 「TV를 본다(75%)」와 나란히 지지율이 가장 높다. 2위 이하에는 「귤(68%)」, 「복숭아(68%)」, 「배(65%)」, 「사과(64%)」가 뒤를 잇는다. 흔히 일컬어지는 트로피컬 과일은 가게에 진열은 되어 있지만 상위권에는 들어가 있지 않았다(표 I-9).

표 I-9 좋아하는 과일 베스트 20

(단위: %)

今回(2007年)			前回(1983年)		
1위	딸기	75	1위	딸기	77
2위	귤	68	2위	귤	75
3위	복숭아	68	3위	수박	70
4위	배	65	4위	포도	69
5위	사과	64	5위	메론	66
6위	포도	61	6위	배	64
7위	메론	59	7위	복숭아	64
8위	수박	58	8위	감	62
9위	바나나	56	9위	사과	61
10위	버찌	53	10위	밤	58
11위	감	53	11위	프린스메론	56
12위	밤	44	12위	오렌지	54
13위	파인애플	44	13위	바나나	53
14위	이요캉	43	14위	파인애플	47
15위	그레이프후르츠	39	15위	그레이프후르츠	44
16위	키위	36	16위	여름밀감	41
17위	핫사쿠	35	17위	버찌	41
18위	비파	33	18위	네이블오렌지	40
19위	여름밀감	31	19위	비파	37
20위	서양배	31	20위	레몬	33

　과일에도 연령별로 선택하는 종류에 차이가 있었다(표 I-10). 고령층에서는 근소한 차이지만 「귤」이라고 대답한 사람이 「딸기」보다 많았다. 또 신세대층에만 「파인애플」이, 고령층에만 「감」이 들어가 있지만 반대로 고령층에서는 「버찌」는 들어가 있지 않았다. 각각의 연령층에서 상위 10번째에 있는 과일의 지지율을 비교하면 가장 높은 것은 여성 고령층의 「배」로 67%, 가장 낮은 것은 남성 신세대층의 「바나나」로 42%이다. 균형 잡힌 식생활을 위해 야채나 과일이 권장되고 있지만, 젊은 남성은 야채나 과일을 그다지 선호하지 않는다는 것을 알 수 있다.

표 I-10 좋아하는 과일 【남녀 연령층별】

(단위: %)

남성 16세~29세		
1위	딸기	62
2위	복숭아	61
3위	배	57
4위	사과	56
5위	귤	49
6위	포도	48
7위	메론	46
8위	버찌	44
9위	파인애플	43
10위	바나나	42

여성 16~29세		
1위	딸기	77
2위	복숭아	69
3위	배	65
4위	귤	62
5위	사과	55
6위	버찌	53
7위	포도	51
8위	파인애플	47
8위	그레이프후르츠	47
10위	수박	46

남성 30세~59세		
1위	딸기	71
2위	배	67
3위	귤	64
4위	사과	63
5위	복숭아	61
6위	메론	60
7위	바나나	59
7위	포도	59
9위	수박	58
10위	버찌	47

여성 30~59세		
1위	딸기	79
2위	복숭아	72
3위	배	67
4위	귤	65
5위	사과	59
6위	포도	59
7위	메론	58
8위	버찌	58
9위	수박	55
10위	바나나	51

남성 60세 이상		
1위	귤	76
2위	딸기	71
3위	감	71
4위	수박	69
5위	사과	68
6위	포도	68
6위	복숭아	68
8위	메론	64
9위	바나나	63
10위	배	62

여성 60세 이상		
1위	귤	81
2위	딸기	80
3위	감	75
4위	사과	75
5위	포도	74
6위	복숭아	71
7위	수박	69
8위	메론	69
9위	바나나	67
10위	배	67

1. 스시すし 사시미さしみ 맥주에 딸기 ~음식~

야채나 과일과는 반대로 신세대층에서 「좋아한다」가 많았던 것이 **좋아하는 과자 · 디저트(문항 7)**로 남녀 연령층에 따라 차이가 크게 나타났다. 그 중에서도 특히 여성 신세대층은 「특별히 없음」, 「무응답」이 0%로 나타났다. 즉 젊은 여성 전원이 어떤 종류든 과자를 좋아하는 것으로 나타난 것이다. 전체적으로는 「아이스크림(57%)」, 「초콜릿(56%)」, 「푸딩(52%)」, 「치즈케이크(52%)」, 「쇼트케이크(51%)」, 「요구르트(47%)」와 같은 서양풍 과자가 뒤를 잇고 그 뒤로 「다이후쿠(찹쌀떡) 47%」, 「아라레 · 센베이

표 I-11 좋아하는 과자 · 디저트 베스트 20
(단위: %)

순위	품목	%
1위	아이스크림	57
2위	초콜릿	56
3위	푸딩	52
4위	치즈케이크	52
5위	쇼트케이크	51
6위	요구르트	47
7위	다이후쿠	47
8위	아라레 · 센베이	46
9위	사쿠라모치 · 가시와모치	45
10위	오하기	45
11위	에크레아 · 슈크림	43
12위	단고	43
13위	카스테라	42
14위	이마가와야키 · 다이야키	40
15위	포테이토칩	40
16위	몽브랑	39
17위	도넛	39
18위	도라야키	36
19위	핫케이크	35
20위	만주	35

(뻥튀기 · 전병) 46%」로 일본풍 과자가 뒤를 이었다(표 I-11).

여성 신세대층에서는 「치즈케이크」의 79%를 선두로 「아이스크림」, 「초콜릿」, 「푸딩」, 「파르페 · 산데이」, 「포테이토칩」과 같이 상위 6항목까지의 지지율이 60%를 넘어서고 있다. 얼마나 과자 · 디저트를 좋아하는지 알 수 있다. 남성 신세대층의 선두는 「푸딩」으로 63%가 좋아한다고 대답했다(표 I-12). 「아라레 · 센베이(뻥튀기 · 전병)」보다도 「푸딩」을 좋아하는 것은 연하고 부드러운 것을 좋아하는 세대의 식생활적 특징일지도 모른다. 한편 일본식 과자의 인기는 고령층에서 유지되고 있다. 남성은 「다이후쿠(찹쌀떡)」, 여성은 「오하기(팥떡)」이 각각 1위를 차지하고 있는데 이 둘은 팥소가 안에 들어 있는지, 밖에 나와 있는지의 차이를 가지고 있다. 이러한 차이도 매우 흥미롭다.

표 I-12 좋아하는 과자·디저트【남녀 연령층별】

(단위: %)

남성 16세~29세			여성 16세~29세		
1위	푸딩	63	1위	치즈케이크	79
2위	포테이토칩	58	2위	아이스크림	71
3위	치즈케이크	56	3위	초콜릿	67
4위	아이스크림	54	4위	푸딩	63
5위	쇼트케이크	53	5위	파르페·산데이	62
6위	초콜릿	51	6위	포테이토칩	60
7위	요구르트	50	7위	티라미수	59
8위	도넛	45	8위	쇼트케이크	58
9위	에크레아·슈크림	41	9위	타르트파이	54
10위	젤리	40	9위	요구르트	54

남성 30세~59세			여성 30세~59세		
1위	아이스크림	59	1위	초콜릿	63
2위	초콜릿	54	2위	치즈케이크	62
3위	푸딩	54	3위	쇼트케이크	58
4위	치즈케이크	51	4위	아이스크림	57
5위	쇼트케이크	50	5위	푸딩	53
6위	포테이토칩	48	6위	요구르트	53
7위	아라레·센베이	44	7위	아라레·센베이	52
8위	에크레아·슈크림	43	8위	에크레아·슈크림	50
9위	다이후쿠	42	9위	몽브랑	49
10위	요구르트	41	10위	사쿠라모치·가시와모치	48

남성 60세 이상			여성 60세 이상		
1위	다이후쿠	55	1위	오하기	64
2위	아이스크림	53	2위	사쿠라모치·가시와모치	63
3위	오하기	53	3위	다이후쿠	57
4위	사쿠라모치·가시와모치	49	4위	아이스크림	55
5위	카스테라	46	5위	요구르트	54
6위	아라레·센베이	46	5위	젠자이·오시루코	53
7위	만주	45	7위	초콜릿	52
8위	양갱	44	8위	푸딩	52
9위	초콜릿	44	8위	카스테라	51
10위	도코로뗑(우뭇가사리)	43	10위	단고	51
			10위	아라레·센베이	51

1. 스시すし 사시미さしみ 맥주에 딸기 ~음식~

주류는 남녀의 취향 차이가 뚜렷

 좋아하는 주류(문항4)는 20세 이상의 사람에게 질문하였다. 그 결과 1위는 「맥주(50%)」이다. 「도리비2)(우선 맥주부터)」라는 말이 생겼을 정도이니 우선은 맥주로 시작하는 사람이 많다는 뜻일 것이다. 다음으로 「과실주(매실주 등)(32%)」, 「소주(27%)」, 「청주(24%)」, 「와인(24%)」이 그 뒤를 잇고, 「발포주(19%)」도 거의 20%에 가까운 사람들에게 선호되고 있다(표 I-13).

표 I-13 좋아하는 주류 순위

(단위: %)

今回(2007年)			前回(1983年)		
1위	맥주	50	1위	맥주	50
2위	과실주(매실주 등)	32	2위	위스키	36
3위	소주	27	3위	청주	34
4위	청주	24	4위	과실주(매실주 등)	33
5위	와인	24	5위	와인	25
6위	발포주	19	6위	브랜디	21
7위	칵테일	19	7위	샴페인	14
8위	사워	14	8위	칵테일	13
9위	위스키	13	9위	소주	10
10위	스파클링 와인	10	10위	진	07
11위	브랜디	09	11위	막걸리	05
12위	진	04	12위	보드카	05
13위	아와모리	04	13위	럼주	04
14위	사오싱주	03	14위	셰리	03
15위	보드카	03	15위	라오주	02
16위	막걸리	03	16위	아와모리	02
17위	럼주	03			
18위	셰리	02			

(20세 이상에 한정. N=2,281명)

---

2) 역주: 도리비(とりビー)는 일본어 「とりあえずビール」의 첫 글자를 따서 만든 단어이다. 「とりあえず(우선)ビール(맥주)」라는 의미로 술자리에서 먼저 맥주부터 한잔하고 시작한다는 뜻에서 생겨난 말이다.

그런데 최근에는 「맥주 기피」라고들 한다. 맥주메이커 주요 5개 회사가 발표한 2007년 상반기 「맥주 관련 음료」는 1992년 이래 최저의 출하량이었다. 특히 신세대들이 「쓴맛이 있어서 좋아하지 않는다」고 외면하는 기색이 뚜렷하다고 한다. 이번(2007년) 조사에서도 젊은 사람은 중·고령층보다 맥주를 좋아하는 사람의 수가 적다는 결과가 나왔다. 남성의 각 연령층에서 가장 선호되고 있는 「맥주」이긴 하지만 남성 신세대층의 지지율은 55%로, 중년층의 지지율 72%나 고령층의 58%와 비교해 봐도 그 수가 적음을 알 수 있다(표 I-14).

표 I-14 좋아하는 주류 【남녀 연령층별】

(단위: %)

	남성 16~29세	
1위	맥주	55
2위	소주	35
3위	칵테일	26
4위	발포주	22
5위	과실주(매실주 등)	21
6위	청주	15
6위	사워	15
8위	위스키	12
9위	와인	10
10위	브랜디	10
10위	스파클링 와인	10
10위	아와모리	10

	여성 16~29세	
1위	칵테일	52
2위	과실주(매실주 등)	49
3위	맥주	32
3위	사워	32
5위	스파클링 와인	18
6위	와인	17
7위	발포주	14
8위	소주	13
9위	진	8
10위	위스키	5
10위	청주	5

	남성 30~59세	
1위	맥주	72
2위	소주	48
3위	발포주	29
4위	청주	29
5위	와인	26
6위	위스키	24
7위	과실주(매실주 등)	23
8위	칵테일	17
9위	브랜디	16
10위	사워	14

	여성 30~59세	
1위	맥주	40
2위	과실주(매실주 등)	37
3위	와인	29
4위	칵테일	26
5위	사워	20
6위	스파클링 와인	15
7위	발포주	15
8위	소주	15
9위	청주	13
10위	위스키	6

남성 60세 이상		
1위	맥주	58
2위	청주	50
3위	소주	41
4위	과실주(매실주 등)	27
5위	발포주	24
6위	위스키	23
7위	와인	19
8위	브랜디	15
9위	막걸리	7
9위	사오싱주	7

여성 60세 이상		
1위	과실주(매실주 등)	36
2위	맥주	33
3위	와인	25
4위	청주	22
5위	소주	10
6위	발포주	8
7위	칵테일	7
8위	사워	5
9위	위스키	5
10위	브랜디	4
10위	스파클링 와인	4

술에 대해서는 남녀 각각의 취향이 뚜렷하다. 베스트 10에 올라온 선택지의 남녀별 지지율을 그래프로 나타내었다(그림 I-3).

그림 I-3 좋아하는 주류 베스트 10 【남녀별 지지율】

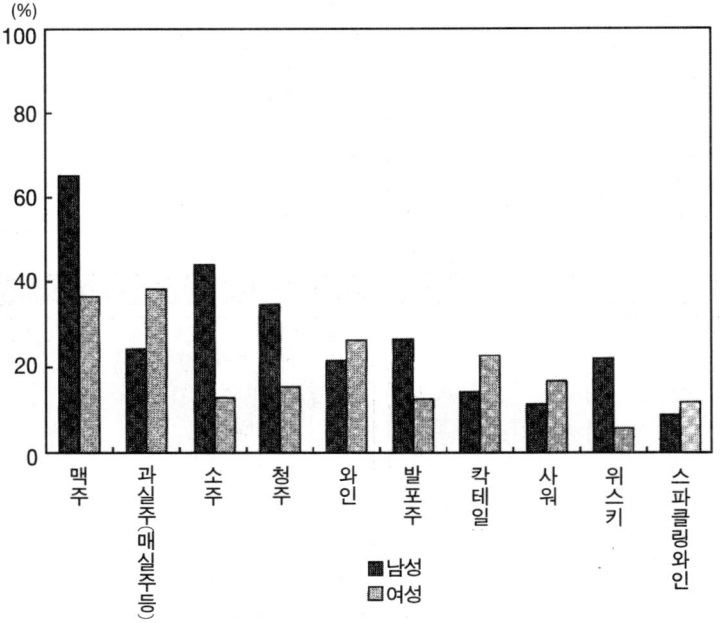

「와인」이나 「스파클링 와인3)」은 남녀 간에 몇 포인트의 차이밖에 없지만 이 둘을 포함하여 남성이 좋아하는 주류, 여성이 좋아하는 주류로 나눌 수 있다. 「맥주」, 「소주」, 「청주」 등은 남성이, 「과실주」, 「와인」, 「칵테일」, 등은 여성이 좋아하는 술이라고 할 수 있다.

이 질문에서 주목받고 있는 것은 「특별히 없음」과 「무응답」의 비율이다. 남성이 16%임에 비해 여성은 29%로 여성 쪽이 13포인트 많지만 신세대층에서 보면 남성 19%, 여성 16%로 대소大小가 역전했다. 「특별히 없음」과 「무응답」의 합이 의미하는 점은 「술의 종류에 개의치 않는다」와 「주류 전반에 관심이 없다」의 양면이 있다고 생각되지만 술에 대한 의식은 젊은 사람들부터 변화가 시작되고 있는 것 같다.

그러면 여기에서 좋아하는 술과 좋아하는 요리를 표로 나타낸 것을 보자(표 I-15). 예를 들면 「맥주」를 나타낸 표에서는 좋아하는 주류로 「맥주」를 선택한 1,134명 중에서 좋아하는 요리 1위로 「스시(초밥) 79%」, 2위로 「사시미(생선회) 74%」를 선택했다는 것이다. 술을 즐기는 사람도 그렇지 않은 사람도 「스시」가 1위인 것은 변함이 없다. 하지만 2위가 되면 술에 별로 관심이 없는 「특별히 없음」층만이 「야키자카나(생선구이)」를 선택한다. 「사시미(생선회)」와 비교하면 「야카자카나(생선구이)」는 〈여성・고령〉적인 요리이다. 「맥주」와 「소주」파에서 3위는 「라멘(라면)」이다. 한 잔 하고 라면을 먹고 귀가하는 모습이 눈에 선하다. 「와인」파의 3위는 「교자(만두)」이다. 좀 의외의 순위이긴 하지만 「와인」을 좋아하는 사람은 역시 젊은 사람이 많기 때문일 것이다.

그리고 역시 알코올이 아직 남성 우위라고 생각되는 증거는 「과실주(매실주 등)」파를 빼고 「국수」가 베스트 10에 들어가 있다는 사실을 들 수 있다. 좋아하는 요리 부분에서 소개했지만 「소바(니혼소바: 일본국수)」

---

3) 역주: 발포성 포도주. 두 번째의 발효에서 생기는 탄산가스를 포함한 포도주로 프랑스의 샴페인이 대표적이며, 이탈리아의 스푸란테, 독일의 젝트도 같은 종류의 와인임.

표 I-15 좋아하는 주류 → 좋아하는 요리

(단위: %)

맥주(1134명)		
1위	스시	79
2위	사시미	74
3위	라멘	71
4위	미소시루	67
5위	야키자카나	66
6위	야키니쿠·텝판야키	65
7위	교자	63
8위	카레라이스	62
9위	스키야키·샤부샤부	60
10위	소바(니혼소바)	60

과실주(721명)		
1위	스시	81
2위	사시미	75
3위	미소시루	70
4위	라멘	70
5위	야키자카나	69
6위	사라다	68
7위	카레라이스	67
8위	교자	66
9위	야키니쿠·텝판야키	66
10위	다키코미고한·고모쿠고한	65

소주(622명)		
1위	스시	79
2위	사시미	77
3위	라멘	69
4위	야키니쿠·텝판야키	66
5위	미소시루	65
6위	야키자카나	65
7위	교자	63
8위	카레라이스	62
9위	스키야키·샤부샤부	62
10위	소바(니혼소바)	61

청주(552명)		
1위	스시	83
2위	사시미	81
3위	미소시루	75
4위	야키자카나	70
5위	라멘	68
6위	소바(니혼소바)	67
7위	야키니쿠·텝판야키	64
7위	스키야키·샤부샤부	64
9위	쓰케모노	63
10위	카레라이스	62

와인(548명)		
1위	스시	85
2위	사시미	77
3위	교자	69
4위	미소시루	69
5위	야키자카나	68
6위	카레라이스	68
6위	소바(니혼소바)	68
8위	라멘	68
9위	사라다	68
10위	스키야키·샤부샤부	67

특별히 없음(450명)		
1위	스시	68
2위	야키자카나	58
2위	미소시루	58
4위	사시미	56
5위	니쿠자가	55
6위	카레라이스	54
7위	다키코미고한·고모쿠고한	53
8위	사라다	52
9위	니모노	50
10위	니자카나	49
10위	라멘	49

는 〈남성〉적인 것이다. 「특별히 없음」에서는 그 외 「니쿠자가(고기감자)」, 「니모노(조림)」, 「니자카나(생선조림)」도 상위에 들어갔다. 역시 「밥반찬」이 선호되고 있다.

음식 취향의 남녀차, 연령차

여기에서는 대상자를 20세 이상으로 한정한 주류 이외의 조미료·향신료, 음료, 과일, 과자·디저트에 대해 상위 10항목의 선택지의 「남성률」, 「50세 미만율」을 그림 I-4에 나타냈다.

전체적으로는 〈여성·고령〉의 영역에 좋아하는 것이 많이 분포되어 있다. 가장 응집되어 분산이 적은 것은 과일이며, 남녀차는 거의 없지만 「50세 미만율」로 보면 〈고령〉적이라고 할 수 있다. 반대로 쏠림이 있는 것은 음료와 과자·디저트이다. 특히 과자·디저트는 젊은 사람들이 많이 선택하고 있음을 알 수 있다. 또 음료는 어떤 영역에도 쏠림 없이 좋아하는 것이 분포하고 있다. 한편 조미료·향신료는 상위 10항목 중 「된장」이외의 9개 항목에서 남녀차가 있고 지지율로 보면 그 중 8개는 여성 쪽이 높고, 남성이 높았던 것은 「와사비(고추냉이)」뿐이었다.

의식주라고 불리듯 「음식」은 생활의 근간을 이루는 것 중의 하나이다. 〈여성·고령〉적인 쏠림은 있지만 대개 일정 범위 내에 들어가 있다. 다만 음식에 관한 것이라도 조미료·향신료나 과자·디저트와 같이 「기호품嗜好品」의 성격이 강한 것은 남녀·연령에 따라 좋아하는 것이 다르기 때문에 분포가 넓어지는 것이다. 다음의 분석에서도 같은 방법으로 남녀나 연령에 따른 차이를 다루고 있다. 〈남성〉방향·〈여성〉방향으로의 쏠림이나 〈신세대〉방향·〈고령〉방향으로의 쏠림은 좋아하는 것을 결정짓는 큰 포인트가 된다.

그림 I-4 「조미료·향신료」,「음료」,「과일」,「과자·디저트」의 분포도(상위 10항목만)

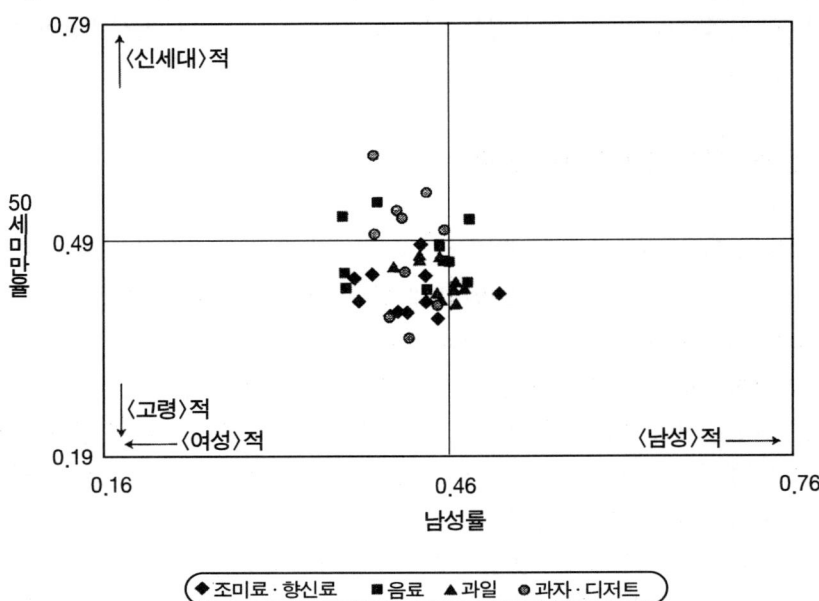

2 개를 좋아하고 벚꽃을 좋아하는 일본인   ~동식물~

동물이나 식물과 같은 「생물」은 우리 생활에서 중요한 위치에 자리하고 있다. 우선 떠오르는 것은 「애완동물」일 것이다. 애완동물로는 개나 고양이, 작은 새나 열대어 등이 가장 일반적이지만 최근에는 이러한 것들 이외에도 다양한 동물이 애완동물로서 시민권을 얻고 있다. 더러는 악어를 애완동물로 사육하고 있는 사람이 있다. 독신 생활의 외로움을 달래기 위해, 커가는 아이들의 정서情操 교육을 위해, 번견番犬처럼 집을 지키는 존재로서 등, 애완동물을 키우는 이유도 여러 가지이다. 그야말로 「애완동물 붐」이다. 애완동물로서가 아닌 동물과의 접촉을 의료나 병간호에 응용하는 것도 성행하고 있다.

한편 「식물」은 어떨까. 관엽식물은 우리들을 치료해 주며 봄 꽃놀이는 국민적 전통행사로 자리 잡고 있다. 건물 옥상이나 벽면에 식물을 심기도 하고 가지를 뻗게 하는 것으로 실내의 온도 상승을 억제하는 환경 대책도 있다.

물론 좋은 면만 있는 것은 아니다. 야생으로 방치된 애완동물이 야기하는 농작물 피해나 외래종인 식물이 뿌리를 내려 귀중한 자연이 황폐해지는 경우도 있다. 이와 같이 「생물」은 여러 가지 의미에서 우리 생활에 영향을 준다. 우리 생활은 생물과 밀접한 관계를 가지면서 유지되고 있다. 이 절에서는 이러한 생물에 관해 일본인이 좋아하는 것을 보고자 한다.

「고양이」보다 「개」

좋아하는 동물(문항29)은 「개(63%)」가 2위인 「고양이(34%)」를 크게 따돌리고 선두 자리에 올랐다. 개를 좋아한다고 대답한 비율(=지지율)은 「고양이」의 거의 두 배에 이른다. 「고양이」 다음으로는 「돌고래(28%)」, 「말

(25%)」,「토끼(23%)」,「판다(23%)」가 뒤를 잇는다. 전체적으로 영악한 맹수계의 동물보다는 보기에 귀엽거나 사람을 잘 따르는 동물이 상위를 차지한다. 인간과의 심리적 거리감이 그대로 순위에 반영되어 있는 것도 있다. 더욱이 지난번(1983년) 조사에는 7세 이상의 국민을 대상으로 한 「우송법」에 의한 조사였기 때문에 직접 비교는 안 되지만 대략적인 경향의 변화는 볼 수 있다. 지난번(1983년)에도「개」가 선두 자리를 지켰다. 시대가 변해도「개」의 인기는 변함이 없다는 것일 것이다(표 I-16).

또한 이번(2007년) 조사에서는 최근 자주 듣는 동물로「바다표범」,「레서판다」,「페럿」등을 선택지에 더 추가하였지만 이 중「레서판다(15%)」,「해달(14%)」,「햄스터(10%)」만 상위에 올랐다.「레서판다」는 두 다리로 서는 모습이 인기가 있으며 특히 지바千葉시 동물공원의「후우타군風太君」의 공적이 클 것이다.

표 I-16 좋아하는 동물 베스트 20

(단위: %)

	今回(2007年)			前回(1983年)	
1위	개	63	1위	개	60
2위	고양이	34	2위	판다	51
3위	돌고래	28	3위	토끼	44
4위	말	25	4위	코알라	43
5위	토끼	23	5위	다람쥐	42
6위	판다	23	6위	고양이	37
7위	코알라	20	7위	말	35
8위	다람쥐	19	8위	돌고래	27
9위	레서판다	15	9위	코끼리	24
10위	해달	14	10위	사슴	23
11위	코끼리	13	11위	비바	23
12위	기린	12	12위	캥거루	22
13위	고래	11	13위	기린	21
14위	호랑이	10	14위	원숭이	20
15위	사자	10	15위	양	19
16위	햄스터	10	16위	거북이	18
17위	사슴	10	17위	사자	17
18위	침팬지	10	18위	침팬지	17
19위	미국너구리	9	19위	호랑이	16
20위	원숭이	9	20위	너구리	16

표 I-17 좋아하는 동물 【남녀 연령층별】

(단위: %)

남성 16~29세		
1위	개	62
2위	고양이	40
3위	말	24
4위	돌고래	23
5위	토끼	17
6위	사자	17
7위	레서판다	16
8위	판다	15
9위	호랑이	15
9위	다람쥐	15

여성 16~29세		
1위	개	76
2위	돌고래	53
3위	고양이	43
4위	토끼	36
5위	다람쥐	29
6위	판다	27
7위	레서판다	26
8위	코알라	25
8위	햄스터	25
10위	고래	22

남성 30~59세		
1위	개	66
2위	고양이	34
3위	돌고래	24
4위	말	22
5위	판다	17
6위	토끼	14
7위	코알라	13
8위	호랑이	13
8위	다람쥐	13
10위	고래	12

여성 30~59세		
1위	개	63
2위	고양이	38
3위	돌고래	36
4위	판다	32
5위	토끼	28
6위	코알라	25
7위	다람쥐	20
8위	말	20
9위	해달	18
10위	레서판다	17

남성 60세 이상		
1위	개	61
2위	말	36
3위	고양이	24
4위	코끼리	19
5위	토끼	18
6위	돌고래	17
6위	다람쥐	17
8위	사슴	15
9위	판다	14
10위	코알라	13

여성 60세 이상		
1위	개	56
2위	고양이	30
3위	토끼	29
4위	말	28
5위	코알라	27
5위	다람쥐	27
7위	판다	26
8위	돌고래	22
9위	해달	20
10위	사슴	16

2. 개를 좋아하고 벚꽃을 좋아하는 일본인 ~동식물~

표 I-17은 남녀 연령별로 응답이 많은 순서로 나열한 것이다. 「개」는 각층에서 폭넓게 지지를 모으고 있음을 알 수 있다. 도쿄東京의 우에노上野 공원에 있는 개를 데리고 서 있는 사이고 다카모리西鄕隆盛의 동상이나 시부야의 충견 하치코ハチ公에서 알 수 있듯이 일본인은 남녀노소를 불문하고 개를 좋아하는 것이다.

그림 I-5는 「개」와 「고양이」에 대해 남녀 연령별 지지율을 그림으로 나타낸 그래프이다.

꺾은 선이 오른쪽 아래로 되어 있어 남녀 모두 연령이 높을수록 「개」와 「고양이」 모두 지지율이 줄어들고 있다. 「개」의 지지율을 「고양이」의 지지율로 나눈 값으로 비교해 보면 여성은 연령층에 따른 차이가 그다지 없지만, 남성은 연령층이 높아질수록 값이 커진다. 결국, 여성과 비교하여 남성은 연령층이 높아질수록 「고양이」보다도 「개」를 선호한다는 것이다.

그림 I-5 좋아하는 동물【개 vs 고양이】

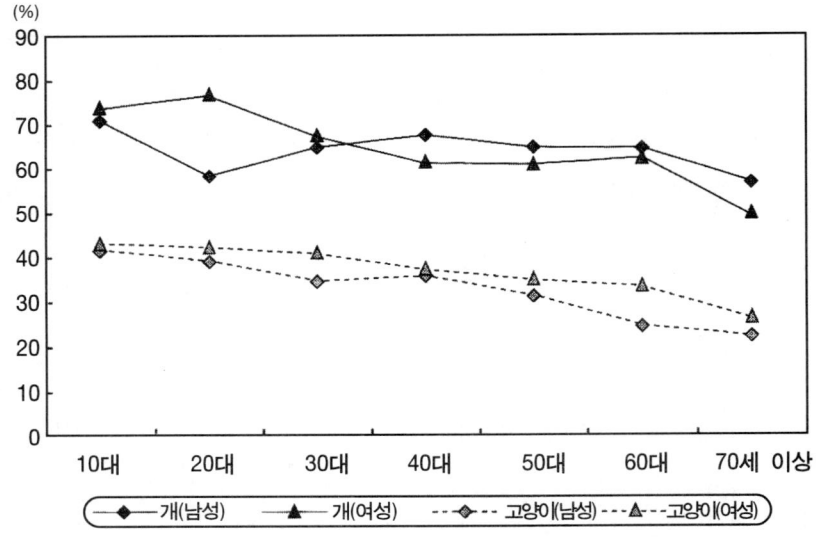

봄의 사자(使者)에서 겨울의 인기 조류로

계속해서 **좋아하는 새(문항32)**를 보기로 하자. 이것은 지난번(1983년)과 선택지를 바꾸지 않았기 때문에 지난번(1983년) 조사 결과와 지지율을 비교할 수가 있다.

1위는 지난번(1983년)과 마찬가지로 「휘파람새(36%)」였다. 그 뒤를 이어 「펭귄(33%)」, 「백조(29%)」, 「제비(25%)」, 「학(25%)」 등의 순으로 이어진다. 「휘파람새」는 선두 자리는 지켰다고는 하지만 지지율은 48%에서 36%로 10포인트 이상이나 감소했다. 이번(2007년) 베스트 20의 지지율을 지난번(1983년)과 비교하면 「펭귄」, 「동박새」, 「물총새」, 「청둥오리」

표 I-18 좋아하는 새 베스트 20

(단위: %)

	今回(2007年)			前回(1983年)	
1위	휘파람새(꾀꼬리)	36	1위	휘파람새(꾀꼬리)	48
2위	펭귄	33	2위	학	41
3위	백조	29	3위	제비	40
4위	제비	25	4위	백조	39
5위	학	25	5위	카나리아	39
6위	동박새	23	6위	잉꼬	37
7위	잉꼬	22	7위	펭귄	29
8위	카나리아	18	8위	종달새	27
9위	공작	16	9위	공작	26
10위	부엉이	15	10위	꿩	25
11위	참새	15	11위	비둘기	24
12위	종달새	14	12위	동박새	21
13위	물총새	14	13위	두견	18
14위	원앙새	13	14위	앵무새	17
15위	오리	12	15위	구관조	17
16위	기러기	12	16위	원앙새	17
17위	꿩	12	17위	갈매기	17
18위	두견	11	18위	뻐꾸기	16
19위	비둘기	11	19위	참새	16
20위	독수리	10	20위	학	14

는 지지율이 지난번(1983년)보다도 통계적으로 증가했다(=오차 범위를 넘어 의미가 있는 증가의 경향을 보였다)고는 하지만,「참새」와「오리」는 거의 같고(=오차 범위내) 그 밖의 13종은 모두 지지율이 통계적으로 감소했음을 알 수 있다(오차의 범위를 넘는 의미가 있는 감소 경향을 보였다).「펭귄」의 지지율이 높아져「휘파람새」와의 차이를 좁히고 있다.「봄을 알리는 새」의 다른 이름을 지닌 봄의 사자使者「휘파람새」에서 겨울의 인기 조류인「펭귄」으로 인기가 옮겨가고 있는 것 같다(표 I-18).

표 I-19는 남녀 연령별로 응답이 많은 순으로 열거한 것이다.「휘파람새」는 고령층에서,「펭귄」은 신세대층에서 각각 남녀 모두 선두를 차지했다. 이러한 사실에서「휘파람새」와「펭귄」의 차이는 금후 더욱더 좁혀질 것으로 보인다.

표 I-19 좋아하는 새 【남녀 연령층별】

(단위: %)

남성 16~29세		여성 16~29세	
1위 펭귄	32	1위 펭귄	46
2위 백조	21	2위 오리	29
3위 제비	20	3위 잉꼬	25
4위 독수리	19	4위 휘파람새	21
5위 학	18	4위 백조	21
6위 매	17	6위 제비	18
6위 부엉이	17	7위 참새	17
8위 휘파람새	16	8위 카나리아	16
9위 잉꼬	14	9위 부엉이	15
9위 제비	14	10위 비둘기	14

남성 30~59세		여성 30~59세	
1위 휘파람새	28	1위 펭귄	39
1위 펭귄	28	2위 휘파람새	32
3위 제비	23	3위 백조	31
4위 학	21	4위 잉꼬	22
5위 백조	19	5위 학	21
6위 동박새	18	6위 제비	20
7위 잉꼬	17	7위 동박새	19
8위 독수리	16	8위 카나리아	18
9위 매	13	9위 부엉이	15
9위 부엉이	13	10위 공작	15

남성 60세 이상		
1위	휘파람새	51
2위	동박새	42
3위	제비	35
4위	백조	34
5위	학	33
6위	물총새	25
6위	꿩	25
8위	원앙새	23
9위	종달새	22
10위	펭귄	21

여성 60세 이상		
1위	휘파람새	55
2위	백조	42
3위	학	38
4위	동박새	34
5위	제비	34
6위	잉꼬	33
7위	펭귄	32
8위	카나리아	30
8위	공작	30
10위	원앙새	29

일본인의 마음「벚꽃」

여기에서는 식물을 보기로 한다. **좋아하는 꽃(문항30), 좋아하는 나무(문항31)** 모두 선두 자리는「벚꽃」으로 선정되었다.「벚꽃」의 지지율은 꽃으로서는 66%, 나무로서는 63%로 2위인「튤립(44%)」,「매화(34%)」를 각각 크게 따돌리고 있다. 일본인은 역시「벚꽃」인 것이다.

1929년 열차의 애칭을 일반인에게 공모를 했을 때, 1위가「후지」, 2위가「쓰바메(제비)」, 3위에「사쿠라(벚꽃)」가 선정되어 같은 해 도쿄와 대륙의 출입구격인 시모노세키下關를 연결하는 특급열차에「후지」와「사쿠라」가 처음으로 애칭으로 이름 붙여졌다.「후지산」은 **좋아하는 산(산계)(문항27)**의 선두였지만「후지」나「사쿠라」는 예나 지금이나 변함없이 일본인이 좋아하는 것이다(표 I-20, 21).

꽃과 나무 모두 지난번(1983년) 선택지와 같기 때문에 이번(2007년) 베스트 20의 지지율을 지난번(1983년)과 비교해 보자. 꽃에서는「해바라기」가 22%에서 34%로 크게 증가한 것 외에 지지율은 통계적으로 변화가 없지만 감소했다. 꽃에서「벚꽃」의 지지율은 통계적으로 지난번(1983년)과 변화가 없다. 나무에서는「벚나무」와「산딸나무」가 통계적으로 지난번(1983년)보다 늘어난 것 이외에는 모두 지지율은 줄었다. 전체적으로 지지율이 줄어드는 경향이 보이는 가운데 꽃에서도 나무에서도 「벚꽃」은 인기를 누리고 있다.

표 I-22와 표 I-23은 꽃, 나무 각각에서 남녀 연령층마다 응답이 많은 순서로 열거한 것이다. 꽃에서도 나무에서도 「벚꽃」은 각 연령층에서 폭넓은 지지를 모으고 있음을 알 수 있었다.

표 I-20 좋아하는 꽃 베스트 20

(단위: %)

	今回(2007年)			前回(1983年)	
1위	벚꽃	66	1위	벚꽃	65
2위	튤립	44	2위	장미	54
3위	장미	43	3위	국화	53
4위	코스모스	37	4위	튤립	48
5위	해바라기	34	5위	은방울꽃	48
6위	매화	33	6위	코스모스	46
7위	난	32	7위	철쭉	45
8위	은방울꽃	32	8위	제비꽃	44
9위	백합	32	9위	매화	44
10위	수국	30	10위	카네이션	44
11위	카네이션	29	11위	백합	43
12위	제비꽃	29	12위	난	42
13위	나팔꽃	28	13위	수선화	41
14위	국화	27	14위	시클라멘	39
15위	시클라멘	27	15위	수국	39
16위	철쭉	27	16위	도라지	38
17위	수선화	26	17위	등나무꽃	38
18위	유채꽃	26	18위	붓꽃	38
19위	등나무꽃	25	19위	모란	37
20위	복숭아꽃	24	20위	용담	37
			20위	나팔꽃	37

표 I-21 좋아하는 나무 베스트 20

(단위: %)

今回(2007年)		
1위	벚나무	63
2위	매화나무	34
3위	대나무	28
4위	소나무	26
5위	미국산딸나무	23
6위	은행나무	21
7위	동백나무	21
8위	자작나무	20
9위	일본철쭉	19
10위	물푸레나무	17
11위	회나무	17
12위	감나무	16
13위	느티나무	13
14위	백일홍	13
15위	포플러	13
16위	라일락	13
17위	갯버들	12
18위	삼목	11
19위	버드나무	10
20위	녹나무	9

前回(1983年)		
1위	벚나무	54
2위	매화나무	42
3위	소나무	42
4위	자작나무	38
5위	일본철쭉	38
6위	대나무	34
7위	물푸레나무	31
8위	동백나무	29
9위	은행나무	29
10위	삼목	27
11위	회나무	27
12위	포플러	26
13위	느티나무	22
14위	감나무	21
15위	백일홍	20
16위	라일락	19
17위	갯버들	17
18위	버드나무	16
19위	낙엽송	16
20위	아카시아	16

표 I-22 좋아하는 꽃 【남녀 연령층별】

(단위: %)

남성 16~29세		
1위	벚꽃	45
2위	해바라기	23
3위	민들레	17
4위	나팔꽃	16
5위	매화	16
6위	튤립	15
7위	코스모스	14
8위	장미	13
8위	선인장	13
10위	수국	10

여성 16~29세		
1위	벚꽃	70
2위	튤립	42
3위	해바라기	41
4위	장미	36
5위	하이비스커스	34
6위	코스모스	28
7위	민들레	27
8위	매화	26
8위	카네이션	26
10위	물방울꽃	25

남성 30~59세		
1위	벚꽃	57
2위	튤립	31
3위	장미	28
4위	해바라기	26
5위	코스모스	22
6위	매화	21
7위	철쭉	21
7위	난	21
9위	카네이션	20
10위	나팔꽃	20

여성 30~59세		
1위	벚꽃	71
2위	튤립	59
3위	장미	56
4위	코스모스	47
5위	물방울꽃	44
6위	해바라기	42
7위	제비꽃	38
8위	나팔꽃	37
9위	난	35
10위	백합	33

남성 60세 이상		
1위	벚꽃	70
2위	국화	54
3위	철쭉	49
4위	매화	49
5위	난	4
6위	튤립	39
7위	장미	38
8위	나팔꽃	38
9위	백합	37
10위	등나무꽃	33

여성 60세 이상		
1위	벚꽃	74
2위	장미	64
3위	코스모스	61
4위	백합	60
5위	난	58
6위	튤립	56
7위	국화	56
8위	매화	54
9위	수선화	52
10위	제비꽃	52

표 I-23 좋아하는 나무 【남녀 연령층별】

(단위: %)

남성 16~29세		
1위	벚나무	51
2위	대나무	22
3위	매화나무	21
4위	소나무	19
5위	회나무	16
6위	삼목	12
6위	은행나무	12
8위	버드나무	9
9위	포플러	7
9위	자작나무	7

여성 16~29세		
1위	벚나무	62
2위	매화나무	26
3위	은행나무	26
4위	대나무	23
5위	포플러	14
5위	회나무	14
7위	소나무	13
8위	동백나무	12
8위	느티나무	10
10위	미국산딸나무	10

남성 30~59세		
1위	벚나무	55
2위	대나무	27
3위	소나무	25
4위	매화나무	23
5위	회나무	18
6위	은행나무	16
7위	자작나무	16
8위	감나무	12
9위	삼목	11
10위	느티나무	11

여성 30~59세		
1위	벚나무	66
2위	매화나무	33
3위	미국산딸나무	31
4위	대나무	27
5위	은행나무	24
6위	자작나무	23
7위	라일락	19
8위	동백나무	17
9위	물푸레나무	16
10위	포플러	15
10위	소나무	15

남성 60세 이상		
1위	벚나무	62
2위	소나무	48
3위	매화나무	43
4위	일본철쭉	37
5위	대나무	32
6위	감나무	27
7위	동백나무	26
8위	회나무	23
8위	자작나무	23
8위	느티나무	23

여성 60세 이상		
1위	벚나무	73
2위	매화나무	53
3위	동백나무	45
4위	미국산딸나무	41
5위	소나무	37
6위	일본철쭉	36
7위	대나무	36
7위	물푸레나무	36
9위	자작나무	30
10위	라일락	28

「개」와 「꽃」은 안정적 선두, 「휘파람새」는 위태?

「생물」전체를 일괄한 경향을 보기로 하자.

그림 I-6은 동물, 새, 꽃, 나무 각각에 대해 「남성률」과 「50세 미만율」을 나타낸 것이다. 모두 응답수가 100이상 오른 것으로 동물과 새는 36종, 꽃은 48종 모두, 나무는 27종을 그림으로 나타내었다.

그림 I-6 「동물」, 「새」, 「꽃」, 「나무」의 분포도

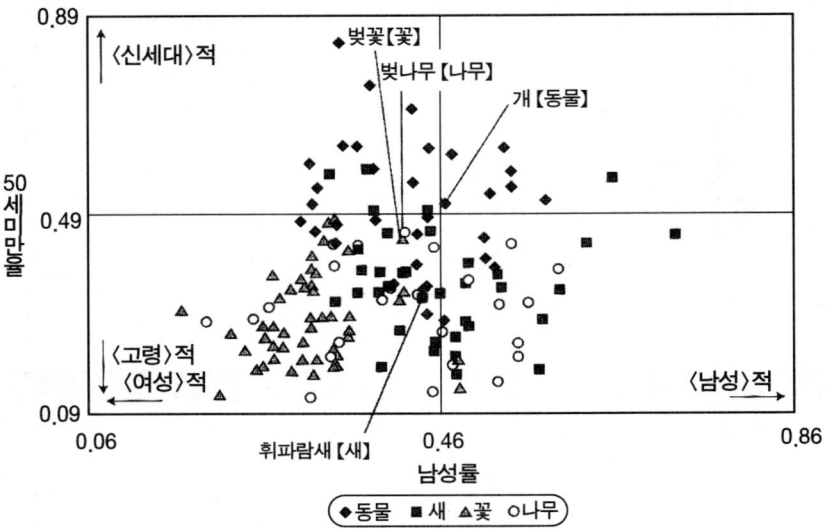

우선 동물은 「남성률」=0.46, 「50세 미만율」=0.49의 두 축으로 나누어지는 4개의 영역으로 적당하게 분산되어 있다. 이에 비해 새, 꽃, 나무는 〈고령〉적인 영역으로 모여 있고, 특히 꽃은 〈여성·고령〉적인 영역에 집중해 있다. 각각의 꽃의 선호도는 여성이나 50세 이상에 쏠려 있다는 의미이다.

이러한 가운데 지지율 선두를 보면 동물인 「개」는 두 축의 교차점에 가깝고 남녀차나 연령에 의한 차이가 적은 것을 알 수 있다. 꽃인 「벚꽃」이나 나무인 「벚나무」도 동물인 「개」만큼은 아니지만 유사한 경향을 띠고 있음을 알 수 있다. 새인 「휘파람새」는 남녀차는 적지만 〈고령〉적이다. 이렇게 보면 「개」나 「벚꽃」은 「골고루 폭넓게」 선호되고 있는 반면, 「휘파람새」는 신세대층의 지지에서 약점이 있다. 이러한 점에서 「개」나 「벚꽃」은 금후 선두 자리를 안정적으로 지속해 나갈 것으로 보이지만, 「휘파람새」의 선두 자리는 위태로워질 것 같다.

표 I-24~27은 「남성률」과 「50세 미만율」이 높은 것과 낮은 것을 비교한 것이다. 이것과 그림 I-6을 조합하면 무엇을, 어떠한 선호도를 나타내고 있는지를 알 수 있다.

예를 들면 새 종류인 「매」는 「남성률」이 가장 높고 남성에게 치우친 선호도를 보인다. 반대로 여성에게 치우친 선호 경향을 보이는 꽃은 「아네모네」이다. 「50세 미만율」은 동물 종류인 「페럿(흰족제비)」이 가장 높고 50세 미만층에 치우쳐 선호되고 있다.

표 I-24 좋아하는 동물【남성률과 50세 미만율】

남성률이 높다			남성률이 낮다		
1위	고릴라	0.58	1위	코알라	0.30
2위	표범	0.54	2위	미국너구리	0.31
3위	호랑이	0.54	3위	토끼	0.31
4위	사자	0.53	4위	해달	0.32
5위	양	0.52	5위	판다	0.32
6위	거북이	0.52	6위	레서판다	0.33
7위	말	0.51	7위	기린	0.34
8위	오랑우탕	0.51	8위	양	0.34
9위	곰	0.47	9위	다람쥐	0.34
10위	개	0.47	10위	페럿	0.35

50세 미만율이 높다			50세 미만율이 낮다		
1위	페럿	0.84	1위	당나귀	0.28
2위	햄스터	0.75	2위	염소	0.29
3위	여우	0.70	3위	영양	0.34
4위	돌고래	0.63	4위	사슴	0.34
5위	물개	0.62	5위	얼룩말	0.35
6위	사자	0.61	6위	소	0.38
7위	고래	0.62	7위	침팬지	0.39
8위	곰	0.61	8위	말	0.40
9위	미국너구리	0.60	9위	양	0.43
10위	너구리	0.58	10위	오랑우탕	0.44

표 I-25 좋아하는 새 【남성률과 50세 미만율】

남성률이 높다			여성율이 낮다		
1위	매	0.73	1위	오리	0.33
2위	독수리	0.66	2위	백로	0.34
3위	솔개	0.63	3위	카나리아	0.37
4위	뇌조	0.60	4위	잉꼬	0.37
5위	꿩	0.58	5위	뻐꾸기	0.37
6위	산작	0.57	6위	펭귄	0.38
7위	비둘기	0.53	7위	펠리칸	0.38
8위	닭	0.53	8위	공작	0.39
9위	제비	0.49	9위	백조	0.39
10위	물총새	0.49	10위	원앙새	0.39

50세 미만율이 높다			50세 미만율이 낮다		
1위	펭귄	0.58	1위	멧새	0.17
2위	오리	0.57	2위	산작	0.18
3위	독수리	0.56	3위	원앙새	0.18
4위	부엉이	0.50	4위	박새	0.20
5위	펠리칸	0.5	5위	할미새	0.21
6위	기러기	0.46	6위	종달새	0.23
7위	참새	0.45	7위	물까치	0.24
8위	매	0.45	8위	두견새	0.26
9위	솔개	0.43	9위	물총새	0.26
10위	잉꼬	0.42	10위	동박새	0.27

표 I-26 좋아하는 꽃 【남성률과 50세 미만율】

남성률이 높다			남성률이 낮다		
1위	국화	0.48	1위	아네모네	0.17
2위	철쭉	0.48	2위	마타리	0.21
3위	나팔꽃	0.42	3위	패랭이꽃	0.22
4위	벚꽃	0.42	4위	조팝나무꽃	0.24
5위	매화	0.41	5위	맨드라미	0.25
6위	등나무꽃	0.36	6위	황매화나무꽃	0.26
7위	선인장꽃	0.36	7위	히야신스	0.26
8위	난꽃	0.35	8위	서향	0.26
9위	동백꽃	0.35	9위	물방울꽃	0.27
10위	모란	0.34	10위	용담꽃	0.27

50세 미만율이 높다			50세 미만율이 낮다		
1위	해바라기	0.48	1위	마타리	0.13
2위	민들레	0.48	2위	국화	0.14
3위	벚꽃	0.44	3위	달리아	0.17
4위	튤립	0.44	4위	탱자나무	0.18
5위	선인장꽃	0.42	5위	맨드라미	0.18
6위	하이비스커스	0.41	6위	백일홍	0.19
7위	장미	0.38	7위	황매화나무꽃	0.19
8위	카네이션	0.37	8위	모란	0.19
9위	물방울꽃	0.37	9위	철쭉	0.20
10위	코스모스	0.36	10위	미즈 바쇼(물파초)	0.20

표 I-27 좋아하는 나무 【남성률과 50세 미만율】

남성률이 높다			남성률이 낮다		
1위	삼목	0.59	1위	라일락	0.19
2위	소나무	0.56	2위	갯버들	0.25
3위	너도밤나무	0.55	3위	미국산딸나무	0.26
4위	떡갈나무	0.55	4위	탱자나무	0.31
5위	회나무	0.54	5위	아카시아	0.34
6위	녹나무	0.53	6위	백일홍	0.34
7위	젖꼭지나무	0.52	7위	포플러	0.34
8위	느티나무	0.49	8위	보리수	0.34
9위	낙엽송	0.47	9위	동백나무	0.34
10위	감나무	0.46	10위	물푸레나무	0.35

50세 미만율이 높다			50세 미만율이 낮다		
1위	벚나무	0.46	1위	탱자나무	0.12
2위	포플러	0.43	2위	일본철쭉	0.13
3위	회나무	0.43	3위	젖꼭지나무	0.15
4위	은행나무	0.43	4위	낙엽송	0.19
5위	대나무	0.43	5위	너도밤나무	0.20
6위	보리수	0.39	6위	백일홍	0.21
7위	삼목	0.38	7위	아카시아	0.21
8위	느티나무	0.36	8위	떡갈나무	0.23
9위	매화나무	0.34	9위	물푸레나무	0.23
10위	버드나무	0.33	10위	동백나무	0.23

2. 개를 좋아하고 벚꽃을 좋아하는 일본인 ~동식물~

어쩌면 고령자들은 「페럿(흰족제비)」을 모를지도 모른다.

마지막으로 지난번(1983년)과 비교할 수 있는 새, 꽃, 나무에 대해 「특별히 없음」과 「무응답」을 합친 비율에 대해 지난번(1983년)과 이번(2007년)을 비교해 보자. 새는 12%에서 25%로, 꽃은 4%에서 10%로, 나무는 7%에서 17%로 모두 통계적으로 증가했다. 반대로 말하면 특별히 좋아하는 것이 없는 사람이 증가하고 있다. 즉 싫고 좋음에 따른 애착이 줄어들고 있다는 것이다. 이것은 제 2장에서 자세하게 정리하겠지만 이번(2007년) 조사에서 「생물」뿐만이 아니라 전체적으로 볼 수 있었던 경향이었다.

밤을 좋아하는 신세대

　생활 습관은 사람마다 제각각이다.「일찍 일어나면 무엇인가 덕을 본다」,「일찍 일어나는 새가 벌레를 잡는다」,「일찍 자고 일찍 일어나면 병을 모른다」아침형 인간을 권장하는 속담의 종류는 많이 있다. 최근에는 출근 전에 샐러리맨의 요구에 맞춰 조조 영업을 하는 치과의사도 있다. 또한 24시간 영업을 하는 편의점도 늘어나 최근에는 지방에도 밤낮 구별이 없는 생활 환경이다.
　「0시~3시」,「3시~6시」등 하루를 3시간마다 나누어서 **좋아하는 시간대(문항50)**를 물어보았다. 결과적으로는「21시~24시」와「18~21시」가 함께 31%로 각각 1, 2위를 차지했다. 아침 시간대에는「9시~11시」가 18%,「6시~9시」가 7%로 밤 시간대만큼 좋아하는 비율(=지지율)은 높지 않다. 최근에는 아침보다 밤이 선호되고 있다. NHK(라디오 심야편)도 잔잔한 인기를 모으고 있다.
　이것을 연령별로 보면 16세에서 19세의 신세대층에서는 남녀 모두「21시~24시」와「0시~3시」의 지지율이 유효 응답자 전체의 경향과 비교해서 통계적으로 높아졌다. 반대로 60세 이상의 고령층에서는 남녀 모두「6시~9시」의 지지율이 전체보다 높아졌다. 즉 젊은 사람들은 21시~3시, 연령이 높은 사람들은 6~9시의 시간대를 좋아하는 경우가 많다는 것이다. 생활 습관도 반영되어 있을 것이다. 유령이 출몰하는 것으로 알려져 있는「초목도 잠이 드는 오전 2시~2시 30분」도 신세대에게는 좋아하는 시간대의 하나이다. 마지막 전차가 출발해 버리고 노래방이나 만화를 보며 커피를 마실 수 있는 곳에서 아침까지 「올(all-night, 밤새도록 노는 것)」을 하려고 하는 신세대들도 드물지 않다.

한편 직업별로 보면 「9시~12시」와 「12시~15시」는 주부층에서 전체 경향과 비교해서 지지율이 높아졌다. 이 시간대는 남편이나 아이도 집에 없으며, TV를 켜면 주부 대상의 프로그램이 주류를 이룬다. 그야말로 「남편은 능력이 있고 집에 없는 것이 좋다」는 말이 이해가 된다.

그러면 당신은 아침형 인간? 아니면 저녁형 인간?

3. 보는 것은 프로야구, 하는 것은 볼링 ~스포츠~

신년 설날에는 역전 마라톤, 여름에는 고교 야구, 가을에는 일본 시리즈. 연간 통산적으로 절기마다 스포츠 빅 이벤트가 있어서 팬들의 응원이 본격화된다. 반대로 이러한 스포츠 대회에서 계절의 변화를 느끼는 사람들도 있을 것이다. 「한 해는 하코네箱根역전 마라톤을 보는 것으로 시작한다」 바로 이러한 사람들이다.

스포츠 그 자체가 선호되는 경우도 있지만 그 선수들을 좋아하는 사람들도 있다. 탁월한 신체 능력으로 승부하는 선수들에게 연예인과는 색다른 맛의 매력을 느끼는 사람들도 많을 것이다. 한편으로 최근 톱 선수들은 경기 이외의 장소에서도 인기몰이를 하고 있다. 인품이나 이미지에서 스포츠와 관계없는 상품의 TV 광고에 기용되기도 하고 TV프로그램에서 연예인들만큼 경묘輕妙한 토크를 보여주기도 한다. 얼마 전까지는 이러한 모습은 그다지 많이 볼 수 없었다.

이 절에서는 일본인들이 좋아하는 스포츠에 대해서 살펴보기로 하자. 우선 경기 스포츠로서 「보는」 스포츠와 「하는」 스포츠로 나누어 결과를 분석한다. 그러면 좋아하는 스포츠를 살펴보기로 하자.

「피겨」 약진

보는 스포츠 중에서 좋아하는 것(문항16)은 「프로야구(45%)」가 최상위에 올랐다. 좋아한다고 대답한 비율(=지지율)도 유일하게 40%를 넘었다. 「프로야구」의 뒤를 이어 「고교 야구(39%)」, 「피겨스케이트(36%)」, 「마라톤(33%)」, 「역전 마라톤(32%)」, 「축구(31%)」의 순으로 이어졌다. 1993년

J리그 발족으로 축구 인기에 불이 붙어 야구와 축구가 비교되는 일이 많아졌지만, 보는 스포츠로서는 야구가 축구를 웃돈다. 아직 야구의 인기가 건재하다는 의미이다. 3위에 들어간 피겨스케이트는 2006년 올림픽에서 금메달을 획득한 아라카와 시즈카荒川靜香씨의 활약에 힘입은 바가 클 것이다(표 I-28). 표의 우측은 지난번(1983년)의 조사에서 얻은 결과이다. 지난번(1983년)에는「스키」라고 질문했던 부분을 이번(2007년)에는「알펜 스키Alpine ski」,「노르딕 스키Nordic skiing」로 나누어 질문을 하기도 하고 지난번(1983년)에는 설문하지 않았던「모굴mogul」,「스노보드snowboard」,「종합격투기」등 최근 화제가 되고 있는 스포츠를 새롭게 추가하기도 하

표 I-28 보는 스포츠 중에서 좋아하는 것 베스트 20

(단위: %)

今回(2007年)			前回(1983年)		
1위	프로야구	45	1위	고교 야구	59
2위	고교 야구	39	2위	프로야구	52
3위	피겨스케이트	36	3위	배구	42
4위	마라톤	33	4위	스모	40
5위	역전 마라톤	32	5위	마라톤	36
6위	축구	31	6위	체조경기	33
7위	배구	30	7위	복싱	28
8위	스모	23	8위	프로레슬링	25
9위	골프	18	9위	피겨스케이트	25
10위	싱크로나이즈드스위밍	16	10위	스키점프	25
11위	복싱	15	11위	골프	23
12위	스키점프	15	12위	테니스	22
13위	유도	14	13위	역전 마라톤	22
14위	체조경기	13	14위	육상경기	22
15위	종합격투기	13	15위	스키	21
16위	테니스	12	16위	신체조	19
17위	육상경기	12	17위	경영	18
18위	경영	11	18위	볼링	16
19위	자동차레이스	10	19위	유도	16
20위	신체조	10	20위	축구	15

는 등 지난번(1983년)과 이번(2007년) 조사에서는 선택지의 내용이 다르다. 또 지난번(1983년)에는 가을(10월)에 조사를 하였지만 이번(2007년)에는 봄(3월)에 조사를 실시하였다. 이러한 차이가 있기 때문에 수치를 직접 비교하는 것은 불가능하지만 대략적인 경향 변화를 보면 지난번(1983년)에도 야구가 상위였다. 다만 지지율은 이번(2007년)이 「프로야구」도 「고교 야구」도 감소하고 있다. 한편 「피겨스케이트」나 「축구」는 지지율이 증가하고 있다. 취향의 변화도 엿볼 수 있다.

표 I-29는 남녀 연령층별로 응답이 많은 순으로 나열한 것이다. 「프로야구」는 남성 각 연령과 여성의 고령층에서 상위에 올랐다. 이에 반해 「축구」는 남성 신세대층에서 선두 자리에 오른 것에서 알 수 있듯이 비교적 사람들에게 선호되고 있는 것 같다. 「피겨스케이트」는 여성의 각 연령층에서 지지를 얻고 있다. 여성에서는 「싱크로나이즈드스이밍synchronized swimming」이나 「신체조」도 베스트 10에 들어가 있다. 이를 통해 여성은 아름다움을 경합하는 스포츠에 동경하고 있음을 알 수 있다.

표 I-29 보는 스포츠 중에서 좋아하는 것 【남녀 연령층별】

(단위: %)

	남성 16~29세			여성 16~29세	
1위	축구	49	1위	피겨스케이트	46
2위	프로야구	47	2위	배구	38
3위	고교 야구	36	3위	고교 야구	34
4위	종합격투기	24	4위	축구	28
5위	볼링	19	5위	싱크로나이즈드스이밍	24
5위	농구	19	6위	프로야구	16
7위	피겨스케이트	17	7위	종합격투기	12
8위	자동차레이스	16	8위	농구	11
9위	배구	14	9위	역전 마라톤	11
9위	테니스	14	9위	신체조	11
9위	역전 마라톤	14	9위	스노보드	11

남성 30~59세		
1위	프로야구	63
2위	고교 야구	41
3위	축구	40
4위	마라톤	33
5위	역전 마라톤	30
6위	골프	27
7위	볼링	26
8위	종합격투기	24
8위	자동차레이스	24
10위	피겨스케이트	23

여성 30~59세		
1위	피겨스케이트	55
2위	배구	38
3위	고교 야구	31
4위	마라톤	26
5위	역전 마라톤	26
6위	싱크로나이즈드스이밍	25
7위	프로야구	24
8위	축구	22
9위	체조경기	17
10위	신체조	16

남성 60세 이상		
1위	프로야구	72
2위	마라톤	59
3위	고교 야구	57
4위	스모	57
5위	역전 마라톤	54
6위	골프	34
7위	축구	32
8위	유도	29
9위	볼링	29
10위	배구	26

여성 60세 이상		
1위	역전 마라톤	45
2위	프로야구	43
3위	마라톤	41
4위	피겨스케이트	39
5위	배구	37
6위	고교 야구	36
7위	스모	34
8위	축구	24
9위	체조경기	22
10위	싱크로나이즈드스이밍	21

지지율의 변화와 남성 연령별 응답 경향을 조합하자 흥미로운 경향이 나타났다. 「스모」는 이번(2007년)에 23%의 지지율로 크게 감소했다. 「스모」는 남녀 모두 고령층에서는 베스트 10에 들어갔지만 고령층 이외에서는 베스트 10에서 빠졌다.

한편 이미 밝힌 바와 같이 「축구」는 젊은 사람들에게 인기가 있다. 이와 같이 지지율이 늘어난 스포츠는 비교적 젊은 사람들에게 선호되고 있는 반면에 지지율이 감소한 스포츠는 연령이 높은 층에 지지기반을 두고 있음을 알 수 있었다.

「하는」 스포츠로 볼링 정착

다음으로 **하는 스포츠로 좋아하는 것**(문항17)을 보기로 하자. 선두는 「볼링(28%)」이고 그 뒤를 「야구(25%)」, 「탁구(21%)」의 순으로 잇고 있다. 조금 전의 보는 스포츠와 마찬가지로 이 질문에서도 일부 질문지를 재검토했지만 지난번(1983년)에 상위였던 것은 이번(2007년)에도 상위에 들어갔다(표 I-30).

표 I-30 하는 스포츠 중에서 좋아하는 것 베스트 20

(단위: %)

	今回(2007年)			前回(1983年)	
1위	볼링	28	1위	탁구	28
2위	야구	25	2위	야구	27
3위	탁구	21	3위	배구	26
4위	배구	20	4위	볼링	25
5위	배드민턴	19	5위	테니스	24
6위	수영	18	6위	소프트볼	24
7위	낚시	17	7위	수영	22
8위	테니스	17	8위	배드민턴	22
9위	골프	16	9위	낚시	19
10위	스키	14	10위	스키	18
11위	소프트볼	14	11위	골프	15
12위	축구	12	12위	댄스	14
13위	농구	10	13위	스케이트	14
14위	등산	9	14위	등산	13
15위	댄스	9	15위	배구	13
16위	조깅	9	16위	사이클링	13
17위	사이클링	8	17위	체조	10
18위	요가	6	18위	축구	8
19위	스노보드	6	19위	조깅	8
20위	마라톤	5	20위	마라톤	7

표 I-31은 남녀 연령층별로 응답이 많은 순서로 나열한 것이다.

표 I-31 하는 스포츠 중에서 좋아하는 것【남녀 연령층별】
(단위: %)

남성 16~29세			여성 16~29세		
1위	야구	45	1위	배드민턴	52
2위	축구	43	2위	볼링	40
3위	볼링	35	3위	배구	35
4위	농구	28	4위	탁구	29
5위	탁구	20	5위	수영	25
6위	낚시	20	6위	테니스	22
7위	수영	19	7위	농구	21
8위	테니스	19	8위	스키	20
9위	배드민턴	18	9위	댄스	18
10위	스키	17	10위	스노보드	17

남성 30~59세			여성 30~59세		
1위	야구	43	1위	볼링	32
2위	볼링	33	2위	배드민턴	27
3위	낚시	30	3위	테니스	26
4위	골프	28	4위	배구	25
5위	축구	22	5위	탁구	23
6위	소프트볼	21	6위	수영	20
7위	스키	19	7위	스키	15
8위	탁구	17	8위	요가	14
9위	수영	16	9위	농구	12
10위	배구	15	10위	에어로빅	11

남성 60세 이상			여성 60세 이상		
1위	야구	46	1위	탁구	21
2위	낚시	34	2위	배구	18
3위	골프	27	3위	댄스	18
4위	소프트볼	24	4위	수영	14
5위	탁구	22	5위	등산	13
6위	볼링	20	6위	볼링	12
7위	수영	17	7위	야구	10
8위	등산	13	8위	배드민턴	10
9위	스모	12	9위	조깅	10
10위	배구	11	10위	골프	9

우선 눈에 띄는 것은 「야구」가 남성의 각 연령층에서 선두를 독점하고 있는 것이다. 신세대층에서 2위로 「축구」가 대두되고 있지만, 중년층과 고령층에서 「야구」는 머리 하나는 다른 것 같다. 남성, 특히 연령이 높은 사람들 사이에서의 뿌리 깊은 야구 인기를 엿볼 수 있다. 한편 여성들 사이에서는 「배드민턴」, 「배구」가 각 연령층별로 폭넓은 지지를 얻고 있다.

그런데 전체 지지율의 선두인 「볼링」은 남녀 모두 신세대층부터 중년층에 이르기까지 모두 상위에 올랐다. 볼링이라 하면 1970년 전후 볼링붐을 상기하는 사람이 많으리라 생각하지만 그 볼링 붐은 신세대층이 아직 태어나기 전의 이야기다. 붐을 직접 알지 못하는 세대에서 볼링이 선호되고 있는 것은 흥미로운 결과이다. 붐 시대를 지나 정착하고 있음을 짐작할 수 있다.

여성 고령층에 많이 보이는 「스포츠 무관심」

그런데 여기에서 보는 스포츠와 하는 스포츠를 따로따로 분석했지만 이 세상에는 스포츠 마니아만 있는 것은 아니다. 여기에서 스포츠에 「무관심」한 층을 보기로 하자.

2개의 질문만으로 스포츠에 무관심한 층을 떠올리는 것은 한계가 있지만 여기에서 보는 스포츠와 하는 스포츠 모두 「특별히 없음」이라고 대답한 사람을 「무관심층」으로 간주하기로 한다. 그림 I-7은 남녀를 신세대층·중년층·고령층의 세 개로 나눈 경우 각각의 층에서 「무관심층」이 어느 정도의 비율인지를 그림으로 나타낸 것이다.

우선 여성 고령층에서 「무관심층」은 정확히 10%였다. 여성 고령층에서는 「무관심층」이 돌출해서 많이 나타난다. 또 남성은 신세대층에서 「무관심층」이 거의 8%였다. 바꾸어 말하면 「무관심층」은 남성에서는 신세대층에서, 여성에서는 고령층에서 각각 많이 나타났다. 남녀에서 대조적인 결과가 드러났다. 또한 남녀나 연령으로 나누지 않고 전체를 통틀어 「무관

그림 I-7 스포츠 「무관심층」

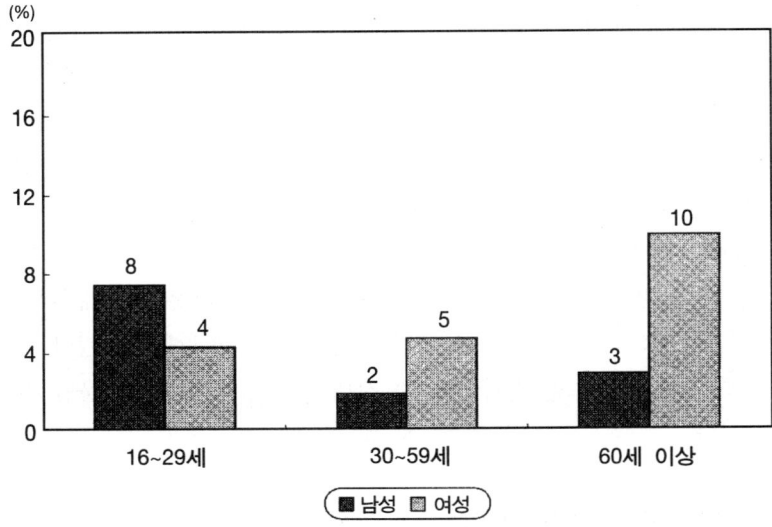

심층」을 계산하면 거의 5%가 되지만, 이 값을 넘은 것은 남성 신세대층과 여성 신세대층만이다.

한편 중간에 해당하는 중년층에서는 남녀 모두 「무관심층」은 적은 편이다. 바꾸어 말하면 중년층은 스포츠에 적극적인 연령대라고 말할 수 있을지도 모른다.

국민적 인기 「이치로イチロー」

마지막으로 좋아하는 스포츠 선수(문항20)를 보기로 하자. 이 질문은 지금까지 소개해 온 선택지를 제시하여 고르는 방식이 아니라, 세 사람으로 제한하여 좋아하는 인물을 기입하는 자유응답식이다.

선두는 「이치로イチロー(16%)」로 「마쓰이 히데키松井秀喜(10%)」가 그 뒤를 잇는다. 메이저리그에서 활약하는 두 사람이 두 자리 수의 지지율을 얻었다. 또한 「이치로イチロー」의 지지율 16%라는 것은 전체적으로 16%(=389명)이며 첫 번째에서 세 번째까지의 어딘가에서 「이치로イチロー」라고 대답했다는 것이다(표 I-32).

표 I-32 좋아하는 스포츠 선수 베스트 10

(단위: %)

	今回(2007年)			前回(1983年)	
1위	이치로 (イチロー)	16	1위	하라 다쓰노리 (原辰德)	28
2위	마쓰이 히데키 (松井秀喜)	10	2위	에가와 스구루 (江川卓)	14
3위	아사다 마오 (浅田真央)	6	3위	아오키 이사오 (青木功)	10
4위	미야자토 아이 (宮里藍)	6	4위	오 사다하루 (王貞治)	10
5위	마쓰자카 다이스케 (松坂大輔)	4	5위	지요노 후지 (千代の富士)	7
6위	나가시마 시게오 (長嶋茂雄)	3	6위	나카하타 기요시 (中畑清)	6
7위	오 사다하루 (王貞治)	3	7위	세코 도시히코 (瀬古利彦)	6
8위	후쿠하라 아이 (福原愛)	3	8위	안토니오 이노키 (アントニオ猪木)	6
9위	나카무라 슌스케 (中村俊輔)	3	9위	가케후 마사유키 (掛布雅之)	6
10위	아라카와 시즈카 (荒川静香)	3	10위	나가시마 시게오 (長嶋茂雄)	6

3위 이하는 지지율 한 자리수로 「아사다 마오浅田真央(6%)」, 「미야자토 아이宮里藍(6%)」, 「마쓰자카 다이스케松坂大輔(4%)」 등으로 이어진다. 야구는 보는 스포츠에서도 하는 스포츠에서도 상위였지만, 스포츠 선수 중에서도 베스트 10에 야구 선수가 5명이나 들어갔다. 뿌리 깊은 야구 인기가 여기에서도 드러났다. 또한 6위인 「나가시마 시게오長嶋茂雄(3%)」나 7위인 「오 사다하루王貞治(3%)」는 현역을 은퇴하고도 상당한 시간이 흘렀지만 감독으로서의 활약 덕분에 지금까지도 인기다.

베스트 10의 진용(라인업)을 보면 해외에서 활약하는 선수들이 많이 들어 있음을 알 수 있다. 「세계에 통용된다」는 것이 현대 사회에서 선호되는 스포츠 선수가 갖추어야 할 하나의 조건이 되고 있는 것 같다.

한편 표 1-32에서 우측의 표는 지난번(1983년) 결과이다. 지난번(1983년) 조사는 7세 이상의 국민을 대상으로 한 「우송법」에 의한 조사였기 때문에 이번(2007년)과 직접적으로는 비교할 수 없지만 대략적인 경향 변화는 파악할 수 있다. 지난번(1983년)에는 「하라 다쓰노리原辰徳」나 「에가와 스구루江川卒」 등 요미우리 자이언츠Yomiuri Giants의 선수가 베스트 10에 5명이나 들어갔다. 지난번(1983년) 조사가 실시된 1983년은 자이언츠가 세리그CENTRAL LEAGUE를 제압한 해이다. 세이브 라이온즈Saitama Seibu Lions와의 일본 시리즈는 7시합이나 접전을 이루며 결국 일본 제일은 되지 못했지만, 굴지의 명승부라고 팬들 사이에서 지금도 회자되고 있다(조사 자체는 일본시리즈 직전이다). 그러한 해인만큼 자이언츠Giants 선수에게 인기가 집중되었을 가능성도 있지만 「자이언츠 중심」에서 「세계 속에서 활약」이라는 사람들의 취향이 변하고 있음을 엿볼 수 있다. 또 지난번(1983년)에는 베스트 10의 전원이 남성이지만 이번(2007년)에는 남성이 6명, 여성이 4명으로 여성의 상위 진출이 눈에 띈다.

표 I-33은 남녀 연령층별로 응답이 많은 순서로 나열한 것이다. 「이치로イチロー」는 각층에서 선두 자리를 독점했다. 현역 선수로 은퇴한 선수를 동렬로 비교하는 것은 할 수 없지만 이치로イチロー는 프로레슬링의 역도산力道山이나 스모의 다이호大鵬, 프로야구의 나가시마 시게오長嶋茂雄 등에 필적하는 현대의 국민적 인기 선수라고 말할 수 있을 것이다. 한편 여성으로는 「아사다 마오浅田真央」나 「미야자토 아이宮里藍」가 각층에서 선호되고 있다. 베스트 5에서는 남성은 야구 선수가 중심이지만 여성은 다양한 스포츠 선수를 선호하고 있다.

표 I-33 좋아하는 스포츠 선수 【남녀 연령층별】

(단위: %)

	남성 16~29세	
1위	이치로 (イチロー)	17
2위	마쓰이 히데키 (松井秀喜)	8
3위	마쓰자카 다이스케 (松坂大輔)	5
4위	나카타 히데토시 (中田英寿)	4
5위	나카무라 슌스케 (中村俊輔)	2
5위	Roger Federer (ロジャー・フェデラー)	2

	여성 16~29세	
1위	이치로 (イチロー)	13
2위	아사다 마오 (浅田真央)	8
3위	미야자토 아이 (宮里藍)	5
4위	마사토 (魔裟斗)	3
5위	미야모토 쓰네야스 (宮本恒靖)	3
5위	마쓰이 히데키 (松井秀喜)	3
5위	안도 미키 (安藤美姫)	3
5위	아라카와 시즈카 (荒川静香)	3

	남성 30~59세	
1위	이치로 (イチロー)	17
2위	마쓰이 히데키 (松井秀喜)	14
3위	미야자토 아이 (宮里藍)	6
4위	나가시마 시게오 (長嶋茂雄)	6
5위	마쓰자카 다이스케 (松坂大輔)	5

	여성 30~59세	
1위	이치로 (イチロー)	16
2위	아사다 마오 (浅田真央)	10
3위	마쓰이 히데키 (松井秀喜)	7
4위	미야자토 아이 (宮里藍)	6
5위	아라가와 시즈카 (荒川静香)	5

	남성 60세 이상	
1위	이치로 (イチロー)	17
2위	마쓰이 히데키 (松井秀喜)	12
3위	미야자토 아이 (宮里藍)	8
4위	나가시마 시게오 (長嶋茂雄)	6
5위	마쓰자카 다이스케 (松坂大輔)	6

	여성 60세 이상	
1위	이치로 (イチロー)	17
2위	마쓰이 히데키 (松井秀喜)	10
3위	아사다 마오 (浅田真央)	8
4위	미야자토 아이 (宮里藍)	7
5위	마쓰자카 다이스케 (松坂大輔)	6

3. 보는 것은 프로야구, 하는 것은 볼링 ~스포츠~

숫자로 보는 프로야구와 프로축구

1985년 일본 프로야구에서는 한신 타이거즈HANSHIN Tigers가 21년만에 세리거CENTRAL LEAGUE를 제압하고 그 기세를 이어 세이브 라이온즈Saitama Seibu Lions와의 일본 시리즈에서도 승리하여 처음으로 일본 최고가 되었다. 오랫동안 쓴맛을 보고만 있던 한신阪神팬들의 열기는 고조의 극에 달해 당시 간사이関西의 초등학생이었던 필자의 기억에는 환희의 도가니로 오사카大阪의 도톤보리道頓堀강에 뛰어드는 많은 팬의 모습들이 선명하게 남아있다. 그러고 보니 모 패스트푸드의 캐릭터 인형도 이 강에 던져졌다. 1985년 이후 타이거즈는 다시 성적이 주춤하여 이 인형의 저주라고 수군대곤 했다.

좋아하는 일본 프로야구팀(문항18)에서는 세리그·파리그CENTRAL LEAGUE·PACIFIC LEAGUE 양 리그의 12구단 중에서 좋아하는 팀을 질문했다. 응답자를 거주하고 있는 지방별로 선호 비율(=지지율)의 상위 4팀을 정리한 것이 표 1이다. 전체적으로「요미우리 자이언츠Yomiuri Giants」가 선두였지만, 역시 긴기近畿에서는「한신 타이거즈HANSHIN Tigers」가 단연 1위다. 2위에는 간사이関西에서는 입지가 약한「자이언츠Giants」가 들어가 있는 것이 재미있는 결과이다.

한편 홋카이도·도호쿠北海道·東北에서는「홋카이도 일본햄 파이터스Hokkaido nippon-Ham Fighters」나「도호쿠 라쿠텐 고르덴 이글스Tohoku Rakuten Goleen Eagles」가, 도카이·호쿠리쿠東海·北陸에서는「주니치 드라곤즈Chunichi Dragons」가, 주고쿠·시코쿠·규슈오키나와中国·四国·九州沖縄에

표 1 좋아하는 일본 프로야구팀 【지방별】

(단위: %)

홋카이도·도호쿠	
1위 Yomiuri Giants	31
2위 Hokkaido nippon-Ham Fighters	22
3위 Tohoku Rakuten Goleen Eagles	17
4위 HANSHIN Tigers	9

간토고신에쓰	
1위 Yomiuri Giants	33
2위 HANSHIN Tigers	10
3위 Fukuoka SoftBank Hawks	8
4위 Saitama Seibu Lions	7

도카이·호쿠리쿠	
1위 Chunichi Dragons	25
2위 Yomiuri Giants	25
3위 HANSHIN Tigers	12
4위 Fukuoka SoftBank Hawks	5

긴기	
1위 HANSHIN Tigers	49
2위 Yomiuri Giants	16
3위 Fukuoka SoftBank Hawks	6
4위 Orix Buffaloes	4

주고쿠·시코쿠·규슈오키나와	
1위 Fukuoka SoftBank Hawks	31
2위 Yomiuri Giants	22
3위 HANSHIN Tigers	16
4위 Hiroshima Toyo Corp	12

전체	
1위 Yomiuri Giants	27
2위 HANSHIN Tigers	17
3위 Fukuoka SoftBank Hawks	12
4위 Chunichi Dragons	7

서는「후쿠오카 소프트뱅크 호쿠스Fukuoka SoftBank Hawks」가 상위에 올라 있다. 프로야구는 프로축구와 비교해서 지역색이 적다고 하지만 지역 구단은 확실히 인기가 있는 것 같다.

다음은 프로축구이다. **좋아하는 일본 프로축구팀(문항19)**을 보기로 하자. 조사에서는 2007년 시즌의 J1, 18팀을 구체적으로 선택지에 나타내어 좋아하는 팀을 질문했다. 전체적으로「우라와 레드Urawa Reds」가 선두였지만 지지율은 9%로, 10%에도 도달하지 않는다(표 2). 이것

표 2 좋아하는 일본 프로축구팀 【지방별】

(단위: %)

홋카이도·도호쿠	
1위 Urawa Reds	6
2위 Kashima Antles	6
3위 Jubiro Iwata	4
4위 Yokohama F·Marinos	3

간토고신에쓰	
1위 Urawa Reds	13
2위 Kashima Antles	8
3위 Yokohama F·Marinos	6
4위 Albirex Niigata	4

도카이·호쿠리쿠	
1위 Nagoya Grampus Eight	13
2위 Jubiro Iwata	11
3위 Shimizu-S-Palse	9
4위 Urawa Reds	6

긴기	
1위 Gamba Osaka	16
2위 Urawa Reds	4
3위 Vissel Kobe	4
4위 Kashima Antles	3

주고쿠·시코쿠·규슈오키나와	
1위 Urawa Reds	8
2위 Sanfrecce Hiroshima	7
3위 Kashima Antles	6
4위 Jubiro Iwata	6

전체	
1위 Urawa Reds	9
2위 Kashima Antles	6
3위 Gamba Osaka	5
4위 Jubiro Iwata	5

은 프로야구만큼 특정팀에 인기가 쏠려 있지 않다는 것을 의미한다. J1이외의 「그 외」도 2% 있었다.

프로야구와 프로축구의 차이를 마지막으로 그림1에서 봐 주길 바란다. 이것은 「특별히 없음」과 「무응답」을 합친 비율을 지방별로 그림으로 나타낸 것이다. 전체적으로 프로야구팀은 39%, 프로축구팀은 69%가 「특별히 없음」이나 「무응답」이었다. 프로축구는 특히 높게 나와 있지만, 프로야구에 비교하면 J리그는 아직 역사가 얕고 지역 구단에서도 남녀노소로 폭넓게 침투하고 있는 것은 아닐 것이다. 또 「특별히 없음」과 「무응답」의 수를 프로야구와 프로축구에서 비교하면 긴기近畿에서 특히 차이가 생겼다. 긴기近畿에서는 프로축구보다는 프로야구인 것이다.

그림 1 「특별히 없음」+「무응답」

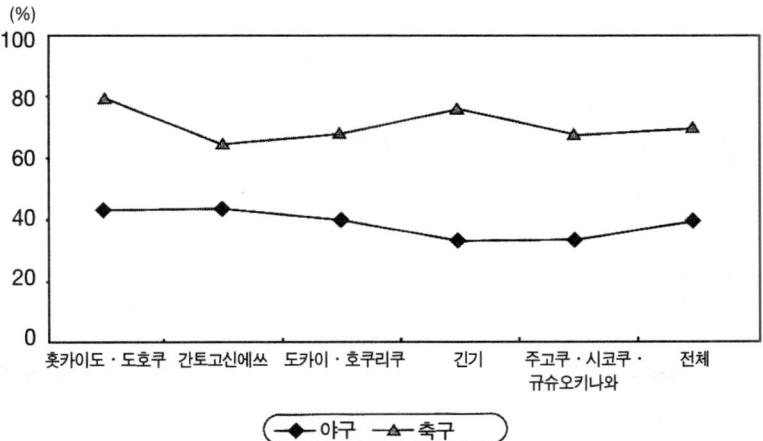

4 여가는 TV, 여행은 온천　　　　　~여가, 여행~

 새삼스럽지만 「치유」가 붐이다. 어쩌면 붐이라는 시기를 지나 정착하고 있는지도 모르겠다. 향기나 아로마초 등 치유에 쓰이는 상품은 인기상품이고 에스테틱이나 스파, 맛사지도 인기이다. 애완동물, 음악, 관엽식물, 그리고 인간에 대해서도 「치유계」라는 말이 붙어 있다. 치유 받고 싶은 현대인──. 반대로 말하면 직장이나 학교, 가정 등 다양한 환경에서 스트레스가 쌓이고 있는지도 모른다.
 이번(2007년) 조사에서는 「치유」와 밀접하게 관계가 있는 테마도 질문했다. 「여가 때 하는 것」, 「여행 장르」 그리고 「건강법」이다. 이들 질문의 취향을 통해서는 치유 받고 싶은 현대인의 일면을 볼 수 있을 것이다. 이 절에서는 치유와 관련된 좋아하는 것을 보기로 하자.

여가는 단연 「TV」

 가장 선호하는 여가(문항15)는 첫 번째가 「TV를 본다(75%)」, 두 번째가 「낮잠을 잔다(43%)」, 그 다음으로 「맛있는 것을 먹으러 간다(41%)」이다. 바깥에 나가는 것보다는 집에서 지내는 쪽을 선호하는 경향이 있다. 선두를 달리고 있는 「TV를 본다」는 좋아한다고 대답한 비율(=지지율)이 75%로 월등히 높으며 실제로 일본인 4명에 3명은 「TV로 여가를 보내는 것」을 선호하고 있다. 이번(2007년) 조사에서는 「선택지 방식」의 질문이 45개나 있고 「특별히 없음」을 제외하면 선택지의 총수는 1,472개가 된다 (「그 외」를 포함한다). 「TV를 본다」는 이 1,472개 중에서 가장 지지율이 높았던 선택지였다(표 I-34).

표 I-34 여가 때 하는 것 중에서 좋아하는 것 베스트 20

(단위: %)

今回(2007年)			前回(1983年)		
1위	TV를 본다	75	1위	TV를 본다	69
2위	낮잠을 잔다	43	2위	신문을 읽는다	45
3위	맛있는 것을 먹으러 간다	41	3위	낮잠을 잔다	43
4위	DVD·비디오를 본다	38	4위	친구·지인을 사귄다	40
5위	신문을 읽는다	38	5위	쇼핑을 한다	39
6위	쇼핑을 한다	37	6위	잡지를 읽는다	39
7위	책을 읽는다	36	7위	책을 읽는다	37
8위	친구·지인을 사귄다	36	8위	레코드 테이프를 듣는다	31
9위	잡지를 읽는다	35	9위	맛있는 것을 먹으러 간다	31
10위	여행을 간다	33	10위	가족과 단란한 시간을 보낸다	30
11위	드라이브를 한다	28	11위	초목을 돌본다	29
12위	가족과 단란한 시간을 보낸다	28	12위	드라이브를 한다	29
13위	영화를 본다	26	13위	스포츠를 한다	28
14위	CD·MD 등을 듣는다	26	14위	스포츠를 본다	28
15위	산책을 한다	26	15위	라디오를 듣는다	23
16위	인터넷으로 정보를 본다	24	16위	수예·편물·공작을 한다	20
17위	술을 마신다	21	17위	요리를 한다	20
18위	초목을 돌본다	21	18위	술을 마신다	19
19위	스포츠를 본다	20	19위	영화를 본다	19
20위	게임을 한다	18	20위	산책을 한다	19

지난번(1983년) 조사와 비교해 보자. 시대의 변화에 맞추어 이번(2007년)에 선택지의 내용을 일부 재검토하였기에 수치의 비교는 불가능하지만 대략적인 경향 변화는 볼 수 있다. 지난번(1983년)에도 「TV를 본다」가 다른 항목을 따돌리고 단연 선두 자리를 차지하였다. 예나 지금이나 「TV로 여가를 보낸다」가 단연 선두를 달린다. 한편 이번(2007년)에는 새롭게 더해진 것 중에서 「DVD·비디오를 본다(38%)」나 「인터넷으로 정보를 본다(24%)」가 상위에 올랐다. 특히 인터넷은 지난번(1983년) 조사 때에는 없었던 것인데, 일본인 4명 중의 1명은 「인터넷으로 여가」를 즐기고 있다. 「인터넷 사회」라고 불리고 있는 점을 감안하면 상징적인 결과로 생각할 수 있다.

표 I-35 여가 때 하는 것 중에서 좋아하는 것 【남녀 연령층별】
(단위: %)

	남성 16~29세	
1위	TV를 본다	71
2위	DVD·비디오를 본다	61
3위	게임을 한다	58
4위	CD·MD 등을 듣는다	50
5위	낮잠을 잔다	49
6위	인터넷으로 정보를 본다	45
7위	친구·지인을 사귄다	43
8위	잡지를 읽는다	42
9위	책을 읽는다	40
10위	영화를 본다	34

	여성 16~29세	
1위	TV를 본다	73
2위	쇼핑을 한다	70
3위	낮잠을 잔다	65
4위	DVD·비디오를 본다	64
5위	CD·MD 등을 듣는다	59
5위	친구·지인을 사귄다	59
7위	잡지를 읽는다	59
8위	맛있는 것을 먹으러 간다	56
9위	인터넷으로 정보를 본다	48
10위	영화를 본다	44

	남성 30~59세	
1위	TV를 본다	75
2위	낮잠을 잔다	50
3위	DVD·비디오를 본다	46
4위	드라이브를 한다	37
5위	술을 마신다	36
6위	신문을 읽는다	35
7위	책을 읽는다	32
8위	잡지를 읽는다	30
9위	인터넷으로 정보를 본다	29
10위	맛있는 것을 먹으러 간다	29

	여성 30~59세	
1위	TV를 본다	70
2위	맛있는 것을 먹으러 간다	60
3위	쇼핑을 한다	57
4위	친구·지인을 사귄다	43
5위	낮잠을 잔다	43
6위	책을 읽는다	42
7위	DVD·비디오를 본다	41
8위	잡지를 읽는다	40
9위	가족과 단란한 시간을 보낸다	39
10위	여행을 간다	38

	남성 60세 이상	
1위	TV를 본다	82
2위	신문을 읽는다	62
3위	산책을 한다	38
4위	낮잠을 잔다	35
5위	여행을 간다	33
6위	술을 마신다	31
7위	스포츠를 본다	31
8위	초목을 돌본다	31
9위	책을 읽는다	31
10위	드라이브를 한다	27

	여성 60세 이상	
1위	TV를 본다	78
2위	신문을 읽는다	56
3위	친구·지인을 사귄다	44
4위	맛있는 것을 먹으러 간다	44
5위	초목을 돌본다	40
5위	여행을 간다	38
7위	산책을 한다	37
7위	쇼핑을 한다	37
9위	책을 읽는다	35
10위	잡지를 읽는다	31

표 I-35는 남녀 연령층별로 응답이 많은 순으로 나열한 것이다. 「TV를 본다」는 여섯 계층에서 모두 선두를 달리고 있으며 특히 남녀 모두 고령층에서 높은 지지율을 보였다. 남성은 실내 지향, 여성은 실외 지향적인 경향을 보이고 있음을 알 수 있다. 휴일에 업무의 피로를 풀어야 할 집에서 TV나 비디오를 보는 아버지(남편)를 두고 쇼핑을 하거나 맛있는 음식을 먹으러 가는 모습을 상상해볼 수 있다. 「휴일 정도는 푹 쉬게 해 달라!」 기업 전사들의 비통한 외침이 들려오는 듯하다. 한편 남성 신세대층에서는 「게임을 한다」나 「인터넷으로 정보를 본다」도 상위에 올라와 있다. 이에 반해 여성 고령층에서는 「친구·지인을 사귄다」나 「초목을 돌본다」를 포함하여 외출을 동반하는 것이 베스트 10 중에서 6개나 들어가 있다. 바꾸어 말하면 실내에 틀어박혀 있기 쉬운 젊은 남성에 비해 고령 여성은 여가에 적극적이다. 「요즘의 젊은 남성들은…」라고 할머니들의 탄식이 들리는 듯하다.

그림 I-8 「여가 때 하는 일」의 분포도

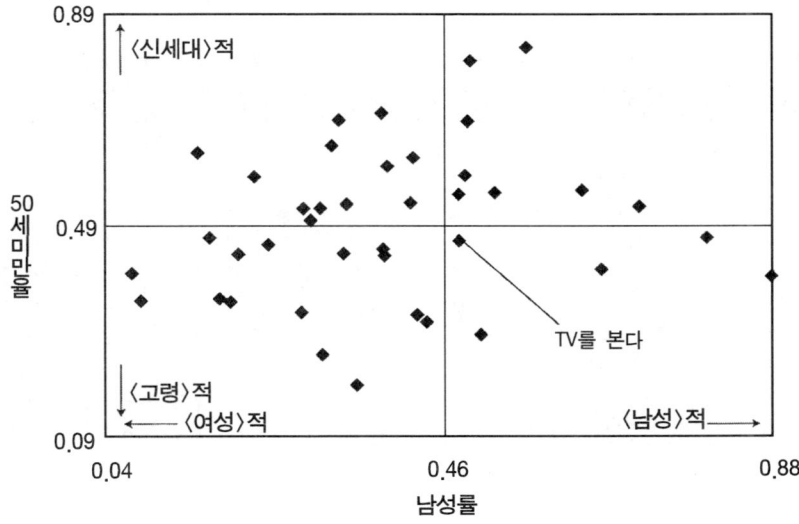

4. 여가는 TV, 여행은 온천 ～여가, 여행～

그림 I-8은 응답수가 100이상 있었던 40항목에 대해「남성률」과「50세 미만율」의 관계를 나타낸 것이다.「남성률」=0.46,「50세 미만율」=0.49의 두 축으로 나누어진 4개의 영역 전체에 40개의 점이 흩어져 있음을 알 수 있다. 즉 여가를 지내는 방법의 취향은 남녀노소가 각양각색임을 알 수 있다. 그러한 가운데 가장 높은 지지율을 보이는「TV를 본다」는 40항목 중에서 남녀차나 연령차가 가장 적다는 것이다. 성별이나 연령에 관계없이 일본인은「TV로 여가를 보내는 것」을 좋아하는 것 같다.

표 I-36은「남성률」과「50세 미만율」이 높은 것과 낮은 것을 나열한 것이다. 남성 쪽으로 쏠림 현상을 보이는 것은「낚시를 한다」나「슬롯머신을 한다」등이다. 여성에 쏠린 현상을 보이는 것은「수예·편물·공작을 한다」나「(취미 등을) 배우러 간다」등이다. 50세 미만에 쏠린 현상을 보이는 것은「게임을 한다」나「인터넷으로 정보를 본다」등이다. 50세 이상에 쏠린 현상을 보이는 것은「초목을 돌본다」나「강좌·강연회를 들으러 간다」등이다. 젊은 사람들이 실내 지향이고 반대로 고령층의 사람들이 실외 지향인 것은 흥미로운 결과이다.

표 I-36 여가 때 하는 것 중에서 좋아하는 것【남성률과 50세 미만율】

	남성률이 높다			남성률이 낮다	
1위	낚시를 한다	0.88	1위	수예·편물·공작을 한다	0.09
2위	슬롯머신을 한다	0.77	2위	배우러 간다	0.10
3위	술을 마신다	0.69	3위	미용·맛사지를 받는다	0.17
4위	스포츠를 본다	0.65	4위	전화로 이야기를 한다	0.18
5위	스포츠를 한다	0.62	5위	일기·편지를 쓴다	0.19
6위	게임을 한다	0.55	6위	공연을 보러 간다	0.20
7위	드라이브를 한다	0.52	7위	요리를 한다	0.21
8위	신문을 읽는다	0.50	8위	쇼핑을 한다	0.23
9위	인터넷에서 정보를 본다	0.49	9위	콘서트(음악감상)에 간다	0.25
10위	DVD·비디오를 본다	0.49	10위	전람회(미술감상)에 간다	0.29

	50세 미만율이 높다	
1위	게임을 한다	0.83
2위	인터넷으로 정보를 본다	0.80
3위	CD·MD 등을 듣는다	0.70
4위	유원지·동물원·공원에 간다	0.69
5위	DVD·비디오를 본다	0.69
6위	악기 연주를 한다	0.64
7위	영화를 본다	0.62
8위	미용·맛사지를 받는다	0.61
9위	잡지를 읽는다	0.60
10위	낮잠을 잔다	0.59

	50세 미만율이 낮다	
1위	초목을 돌본다	0.19
2위	강좌·강연회를 들으러 간다	0.25
3위	신문을 읽는다	0.28
4위	라디오를 듣는다	0.31
5위	산책을 한다	0.32
6위	전람회(미술감상)에 간다	0.33
7위	공연을 보러 간다	0.35
8위	배우러 간다	0.35
9위	일기·편지를 쓴다	0.35
10위	낚시를 한다	0.38

온천을 좋아하는 일본인

좋아하는 여행 장르(문항21)는 이번(2007년)에 처음으로 물어본 질문이다. 선두 자리는 「온천·온천욕 치료(55%)」로 과반수 이상의 지지를 나타내었다. 2위 이하는 「가족여행(43%)」, 「자연 풍경을 관망한다(35%)」로 이어진다. 「온천·온천욕 치료」는 여성 신세대층을 제외한 모든 층에서 선두 자리를 차지했다. **좋아하는 문화·오락시설(문항44)**에서도 「온천·스파(43%)」는 선두였다. 일본인의 온천 선호가 데이터에 확실히 나타나 있다.

표 I-37 좋아하는 여행 장르 베스트 20
(단위: %)

1위	온천·온천욕 치료	55
2위	가족여행	43
3위	자연 풍경 관망	35
4위	드라이브	33
5위	계절꽃 구경·단풍놀이	31
6위	먹으러 돌아다니기	29
7위	제멋대로 여행	28
8위	열차여행	28
9위	쇼핑	26
10위	유명 지역 순회	23
11위	유원지·테마파크 순회	22
12위	절·사찰 순례	22
13위	일박여행	21
14위	버스여행	20
15위	미술관·박물관 순회	17
16위	당일치기 여행	16
17위	투어여행	16
18위	조개잡이·포도따기·밤줍기 등	15
19위	축제 구경	14
20위	도시 구경	13

표 I-38 좋아하는 여행 장르 【남녀 연령층별】

(단위: %)

남성 16~29세		
1위	온천·온천욕 치료	36
2위	유원지·테마파크 순회	34
3위	드라이브	32
4위	제멋대로 여행	28
5위	스키·스노보드	23
6위	먹으러 돌아다니기	20
7위	쇼핑	19
8위	유명 지역 순회	19
9위	해수욕·마린스포츠	17
9위	스포츠 관전	17

여성 16~29세		
1위	쇼핑	58
2위	유원지·테마파크 순회	55
3위	온천·온천욕 치료	54
4위	먹으러 돌아다니기	47
5위	드라이브	43
6위	유명 지역 순회	36
7위	가족여행	35
8위	제멋대로 순회	35
9위	자연 풍경 관망	31
10위	계절꽃 구경·단풍놀이	28

남성 30~59세		
1위	온천·온천욕 치료	53
2위	가족여행	42
3위	드라이브	38
4위	자연 풍경 관망	28
5위	제멋대로 여행	28
6위	먹으러 돌아다니기	23
7위	열차여행	23
8위	유명 지역 순회	22
9위	계절꽃 구경·단풍놀이	20
10위	유원지·테마파크 순회	19

여성 30~59세		
1위	온천·온천욕 치료	62
2위	가족여행	58
3위	먹으러 돌아다니기	44
4위	자연 풍경 관망	43
5위	쇼핑	41
6위	계절꽃 구경·단풍놀이	40
7위	드라이브	39
8위	유원지·테마파크 순회	33
9위	열차여행	31
10위	유명 지역 순회	29

남성 60세 이상		
1위	온천·온천욕 치료	53
2위	가족여행	42
3위	자연 풍경 관망	38
4위	계절꽃 구경·단풍놀이	30
5위	제멋대로 여행	29
6위	열차여행	28
7위	버스여행	28
8위	절·사찰 순례	25
9위	일박여행	24
10위	드라이브	21

여성 60세 이상		
1위	온천·온천욕 치료	57
2위	계절꽃 구경·단풍놀이	48
3위	자연 풍경 관망	41
4위	가족여행	39
5위	버스여행	38
6위	열차여행	36
7위	일박여행	30
8위	절·사찰 순례	29
9위	투어여행	27
10위	쇼핑	26

이 외에 「유원지 · 테마파크 순회」는 남녀 모두 신세대층에서 2위를 나타내었지만 고령층에서는 베스트 10 밖이다. 젊은 사람들의 취향이 드러나 있다. 또 「드라이브」는 신세대층에서는 남녀 모두 베스트 10 안에 들었다. 고령층에서는 남성은 10위 안에 들은 것에 비해 여성은 베스트 10 밖이었다. 한편 「열차여행」은 남녀 모두 고령층에서는 베스트 10 안에 들었지만 신세대층에서는 베스트 10 밖이었다. 여행 수단에서도 연령에 의한 취향 차이가 나타났다. 젊은 사람들은 바쁜 여행을 아랑곳하지 않지만 고령층에서는 여유 있는 여행을 좋아하는 것 같다.

그림 I-9는 응답수가 100 이상 있었던 36항목에 대해 「남성률」과 「50세 미만율」의 관계를 나타낸 것이다. 여가 때 하는 것으로 좋아하는 것과 마찬가지로 「남성률」=0.46, 「50세 미만율」=0.49의 두 축으로 나누어진 4개의 영역으로 분산되어 있지만 약간 〈여성〉적인 것이 많다. 지지율 선두인 「온천 · 온천욕 치료」도 두 축의 교점에 비교적 가까운 편이지만 이것도 〈여성〉적이다.

그림 I-9 「여행 장르」 분포도

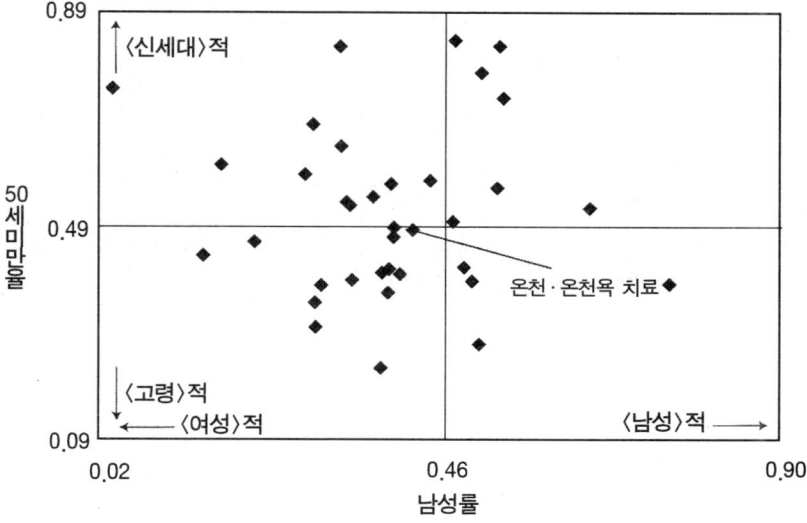

4. 여가는 TV, 여행은 온천 ~여가, 여행~

표 I-39는 「남성률」과 「50세 미만율」이 높은 것과 낮은 것을 나열한 것이다. 「골프, 승마, 낚시 등의 스포츠」는 남성에, 「에스테틱」은 여성에 각각 쏠려 선호되고 있다.

표 I-39 좋아하는 여행 장르 【남성률과 50세 미만율】

	남성률이 높다			남성률이 낮다	
1위	골프, 승마, 낚시 등의 스포츠	0.73	1위	에스테틱투어	0.03
2위	스포츠 관전	0.63	2위	민예품, 공예품 만들기	0.17
3위	오토캠프	0.53	3위	쇼핑	0.20
4위	스키·스노보드	0.53	4위	문화·예술·음악감상	0.23
5위	혼자 여행	0.52	5위	먹으러 돌아다니기	0.29
6위	캠프	0.50	6위	리조트 체재	0.30
7위	위안여행	0.50	7위	계절꽃 구경·단풍놀이	0.31
8위	선박여행	0.49	8위	투어여행	0.31
9위	등산, 바이킹, 트래킹	0.48	9위	미술관·박물관 순회	0.31
10위	해수욕, 마린스포츠	0.47	10위	유원지·테마파크 순회	0.34

	50세 미만율이 높다			50세 미만율이 낮다	
1위	해수욕·마린스포츠	0.83	1위	버스여행	0.23
2위	스키·스노보드	0.82	2위	위안여행	0.27
3위	유원지·테마파크 순회	0.82	3위	투어여행	0.30
4위	캠프	0.77	4위	계절꽃 구경·단풍놀이	0.35
5위	에스테틱투어	0.76	5위	일박여행	0.37
6위	오토캠프	0.73	6위	골프, 승마, 낚시 등의 스포츠	0.38
7위	리조트 체재	0.68	7위	미술관·박물관 순회	0.38
8위	장기 체재	0.64	8위	선박여행	0.39
9위	쇼핑	0.60	9위	당일치기 여행	0.39
10위	먹으러 돌아다니기	0.59	10위	절·사찰 순례	0.40

목욕은 폭넓게 선호되는 건강법

좋아하는 건강법(문항43)의 상위 3은 「야채를 많이 섭취한다(52%)」, 「목욕을 한다(50%)」, 「숙면한다(47%)」로 되어 있다. 선호하는 여가로 「낮잠을 잔다(43%)」가 2위에 들어간 것을 미루어 생각하면 일본인의 생활에서 「목욕」이나 「수면」, 이른바 휴식이 중요한 위치를 차지하고 있음을 알 수 있다. 베스트 20을 보면 「안전한 음식을 고른다(23%)」나 「일찍 자고 일찍 일어난다(22%)」 등은 하위에 들어가 있다. 상위권을 보는 한 「자신을 관리하는」 것보다는 「부담이 되지 않는」 건강법이 선호되고 있다고 할 수 있다.

지난번(1983년)과 이번(2007년) 조사에서는 선택지의 일부가 다르기 때문에 지지율은 직접 비교할 수 없다. 대략적인 경향을 비교하면 지난번(1983년)에 상위에 올랐던 것은 이번(2007년)에도 대부분 상위에 들어가 있다(표 I-40).

이것을 남녀 연령층별로 보기로 하자. 신세대층에서는 남녀 모두 「숙면한다」가 선두 자리를 지켰다. 이에 비해 고령층에서는 「야채를 많이 섭취한다」가 남녀 모두 선두 자리를 지켰다. 「목욕을 한다」는 상위에는 들어가 있지 않지만 각층에서 폭넓게 지지를 모으고 있음을 알 수 있다. 미지근한 물에 몸을 담그기도 하고 하반신만 욕조에 담그는(반신욕) 등 목욕탕에서의 건강법도 여러 가지로 제안되고 있지만 목욕은 남녀노소를 불문하고 선호되는 건강법이다(표 I-41).

그림 I-10은 응답수가 100 이상이었던 36항목에 대해 「남성률」과 「50세 미만율」의 관계를 나타낸 것이다. 여가로 삼을 만한 것 중에 좋아하는 것과 좋아하는 여행 장르를 비교하면 분포가 약간 집중되어 있는 것 같다. 상위의 「야채를 많이 섭취한다」나 「목욕을 한다」는 모두 〈여성·고령〉적이지만 「남성률」=0.46, 「50세 미만율」=0.49의 두 축의 교점에 가까운 것은 「목욕을 한다」이다. 「목욕을 한다」는 지지율이 높고 쏠림은 적다.

표 I-40 좋아하는 건강법 베스트 20

(단위: %)

今回(2007年)			前回(1983年)		
1위	야채를 많이 섭취한다	52	1위	숙면한다	53
2위	목욕을 한다	50	2위	목욕을 한다	53
3위	숙면한다	47	3위	균형 있는 영양섭취를 한다	36
4위	균형 있는 영양섭취를 한다	44	4위	끙끙거리지 않는다	34
5위	자주 웃는다	37	5위	좋아하는 것을 먹는다	34
6위	끙끙거리지 않는다	32	6위	몸을 편하게 한다(눕는다)	28
7위	계절 음식을 먹는다	31	7위	자주 웃는다	27
8위	워킹을 한다	27	8위	등이나 허리를 쭉 편다	26
9위	좋아하는 음식을 먹는다	27	9위	일찍 자고 일찍 일어난다	25
10위	취미생활을 충실히 한다	26	10위	스포츠를 한다	23
11위	몸을 편안하게 한다(눕는다)	23	11위	일을 할 때 무리를 하지 않는다	22
12위	안전한 음식을 고른다	23	12위	산책을 한다	20
13위	양치질을 한다	22	13위	양치질을 한다	18
14위	일찍 자고 일찍 일어난다	22	14위	술을 즐긴다	17
15위	등과 허리를 쭉 편다	21	15위	헐렁한 옷을 입는다	16
16위	일을 할 때 무리를 하지 않는다	20	16위	자전거를 탄다	16
17위	온천에 다닌다	20	17위	체조를 한다	15
18위	술을 즐긴다	19	18위	얇은 옷을 입는다	14
19위	맛사지를 받는다	17	19위	일광욕을 한다	13
20위	스포츠를 한다	16	20위	여럿이서 이야기를 나눈다	13

표 I-41 좋아하는 건강법 【남녀 연령층별】

(단위: %)

	남성 16~29세	
1위	숙면한다	42
2위	목욕한다	38
3위	자주 웃는다	35
4위	스포츠를 한다	32
5위	좋아하는 음식을 먹는다	30
6위	야채를 많이 섭취한다	29
7위	균형 있는 영양섭취를 한다	27
8위	몸을 편하게 한다(눕는다)	23
8위	취미생활을 충실히 한다	23
10위	계절 음식을 먹는다	17

	여성 16~29세	
1위	숙면한다	68
2위	자주 웃는다	65
3위	목욕한다	54
4위	야채를 많이 섭취한다	52
5위	좋아하는 음식을 먹는다	41
6위	몸을 편하게 한다(눕는다)	35
7위	취미생활을 충실히 한다	35
8위	균형 있는 영양섭취를 한다	31
9위	계절 음식을 먹는다	28
9위	맛사지를 받는다	28

	남성 30~59세	
1위	숙면한다	43
2위	목욕한다	41
3위	야채를 많이 섭취한다	40
4위	균형 있는 영양섭취를 한다	34
5위	술을 즐긴다	28
6위	좋아하는 음식을 먹는다	24
7위	계절 음식을 먹는다	23
8위	워킹을 한다	22
9위	끙끙거리지 않는다	22
10위	취미생활을 충실히 한다	21
10위	스포츠를 한다	21

	여성 30~59세	
1위	야채를 많이 섭취한다	58
2위	숙면한다	54
3위	균형있는 영양섭취를 한다	54
4위	목욕한다	51
5위	자주 웃는다	48
6위	계절 음식을 취한다	40
7위	끙끙거리지 않는다	39
8위	워킹을 한다	30
9위	안전한 음식을 고른다	29
10위	취미생활을 충실히 한다	28

	남성 60세 이상	
1위	야채를 많이 섭취한다	57
2위	목욕한다	54
3위	균형있는 영양섭취를 한다	43
4위	숙면한다	39
5위	술을 즐긴다	35
6위	끙끙거리지 않는다	33
7위	워킹을 한다	33
8위	일찍 자고 일찍 일어난다	32
9위	좋아하는 음식을 먹는다	27
10위	계절 음식을 먹는다	26

	여성 60세 이상	
1위	야채를 많이 섭취한다	69
2위	목욕한다	62
3위	균형있는 영양섭취를 한다	59
4위	끙끙거리지 않는다	43
5위	계절 음식을 먹는다	43
6위	숙면한다	43
7위	자주 웃는다	42
8위	안전한 음식을 고른다	38
9위	양치질을 한다	36
10위	워킹을 한다	36

그림 Ⅰ-10 「건강법」의 분포도

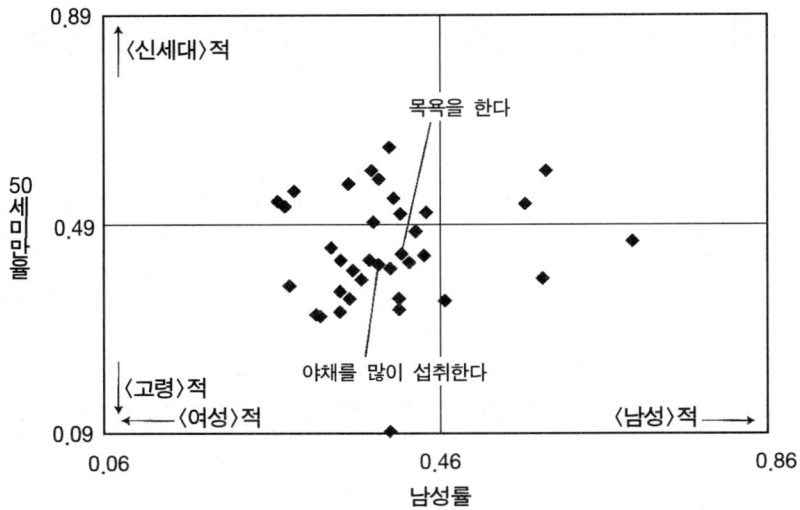

표 Ⅰ-42는 「남성률」과 「50세 미만율」이 높은 것과 낮은 것을 비교한 것이다. 「술을 즐긴다」가 특출나게 〈남성〉적이다. 술의 취향도 다양하지만 전체적으로 보면 남성에게 「술은 가장 좋은 약」이고 훌륭한 「건강법」일지도 모른다.

표 Ⅰ-42 좋아하는 건강법 【남성률과 50세 미만율】

	남성률이 높다			남성률이 낮다	
1위	술을 즐긴다	0.69	1위	고민을 털어놓는다	0.26
2위	스포츠를 한다	0.59	2위	여럿이서 이야기를 나눈다	0.27
3위	조깅을 한다	0.59	3위	안전한 음식을 고른다	0.28
4위	복근, 등골, 팔굽혀펴기 등 근육트레이닝을 한다	0.56	4위	자주 웃는다	0.28
5위	소식을 한다	0.47	5위	얇은 옷을 입는다	0.31
6위	좋아하는 음식을 먹는다	0.44	6위	헐렁한 옷을 입는다	0.32
7위	자전거를 탄다	0.44	7위	일광욕을 한다	0.33
8위	영양제를 섭취한다	0.43	8위	계단을 오른다	0.34
9위	일을 할 때 무리를 하지 않는다	0.42	9위	등이나 허리를 쭉 편다	0.34
10위	목욕을 한다	0.41	10위	계절 음식을 먹는다	0.34

	50세 미만율이 높다	
1위	스포츠센터에 다닌다	0.64
2위	스포츠를 한다	0.59
3위	맛사지를 받는다	0.59
4위	몸을 편하게 한다(눕는다)	0.58
5위	수영을 한다	0.57
6위	자주 웃는다	0.56
7위	숙면한다	0.54
8위	고민을 털어놓는다	0.54
9위	복근, 등골, 팔굽혀펴기 등 근육트레이닝을 한다	0.53
10위	여럿이서 이야기를 나눈다	0.53

	50세 미만율이 낮다	
1위	의사처방 약을 먹는다	0.10
2위	헐렁한 옷을 입는다	0.32
3위	얇은 옷을 입는다	0.32
4위	계단을 오른다	0.33
5위	일찍 자고 일찍 일어난다	0.33
6위	소식을 한다	0.35
7위	체조를 한다	0.35
8위	워킹을 한다	0.35
9위	등이나 허리를 쭉 편다	0.36
10위	안전한 음식을 고른다	0.38

5 TV프로그램, 음악은 연령에 따라 큰 차이 ~미디어~

　제 4절에서 소개한 대로 **여가 때 하는 것 가운데 가장 많이 선호되는 것(문항15)**은「TV를 본다(75%)」였다. 일본에서 1953년에 TV 방송을 시작한 이래 반세기가 지났다. 일본인은 지금 하루 평균 3시간 반 정도 TV를 시청하고 있다. TV는 우리들의 생활에 폭넓게 또 뿌리 깊게 영향력을 행사하고 있다고 할 수 있다.

　좋아하는 일본 수상首相**(문항41)**에서는 「고이즈미 준이치로小泉純一郎(29%)」가 2위인「다나카 가쿠에이田中角栄(19%)」를 따돌렸다. 고이즈미小泉 내각에서는「와이드 쇼」정치라는 유행어도 생겨나 TV와 정치의 자세에 대한 논의를 불러 일으켰다. TV뿐만이 아니다. 신문이나 잡지 등 활자 미디어, 더욱이 현대는 인터넷이라는 새로운 정보 도구도 있다. 우리들은 이러한 다양한 미디어가 전하는 많은 정보에 둘러싸여 하루하루를 지내고 있다. 이 절에서는 미디어에 관해 좋아하는 것을 중심으로 보기로 하자.

남성은 스포츠 방송, 여성은 드라마

　좋아하는 TV 방송 장르(문항23)는 이번(2007년)에 처음으로 질문한 문항이다.「뉴스·뉴스쇼(62%)」가「드라마(52%)」를 누르고 선두 자리에 올랐다. 그 뒤「일기예보(43%)」,「예능이나 콩트 등 호화쇼(42%)」,「가요 프로그램·음악프로그램(42%)」이 뒤를 잇는다. 뉴스나 드라마는 전체의 과반수 이상의 사람들이 좋아한다고 대답한 비율(=지지율)이 특히 높다. 현대의 TV를 지지하는 두 기둥이라고 할 수 있다. 3위인「일기예보」는 매일의 생활과 밀접하게 관련 있는 정보이다. 더욱이 최근에는 출연하는 기상캐스터에 대한 인기때문인지도 모르겠다(표 I-43).

표 I - 43 좋아하는 TV프로그램 장르 순위

(단위: %)

순위	장르	%
1위	뉴스·뉴스쇼	62
2위	드라마	52
3위	일기예보	43
4위	예능이나 콩트 등의 호화쇼	42
5위	가요프로그램·음악프로그램	42
6위	스포츠 프로그램	39
7위	퀴즈·게임	32
8위	자연·역사·기행·과학 등 일반 교양프로그램	29
9위	극장용 영화	29
10위	만담·재담 등의 연희·연예	23
11위	정치·경제·사회 프로그램	23
12위	아침이나 낮 호화쇼	23
13위	생활·실용 프로그램	18
14위	애니메이션·만화	18
15위	학습·어학·기능·취미 등 강좌프로그램	11

남녀 연령층별로 응답이 많은 순서로 나열한 것이 표 I-44이다. 전체 지지율 선두인 「뉴스·뉴스쇼」는 중년층과 고령층에서는 남녀 모두 지지율이 높지만 신세대층에서는 그만큼 높지는 않다. 반대로 신세대층에서는 「예능이나 콩트 등 호화쇼」의 지지율이 높아지고 있다. 전반적으로 「딱딱한」 프로그램은 연령층이 높은 사람들에게, 「부드러운」 프로그램은 젊은 사람들에게 지지를 받고 있는 것 같다.

남녀차를 보면 「스포츠 방송」은 남성에서, 「드라마」는 여성에서 각각 연령층에 관계없이 지지를 받고 있는 것 같다. 남성은 스포츠 프로그램이나 보도색이 짙은 프로그램을 좋아하는 반면, 여성은 생활과 밀착한 실용적인 내용의 프로그램이나 가요, 드라마 등 예능색이 짙은 프로그램을 선호하고 있는 것 같다.

표 I-44 좋아하는 TV프로그램 장르 【남녀 연령층별】

(단위: %)

	남성 16~29세	
1위	만담·재담 등의 연희·연예	69
2위	스포츠 프로그램	53
3위	가요프로그램·음악프로그램	46
4위	드라마	42
4위	애니메이션·만화	42
6위	뉴스·뉴스쇼	36
7위	퀴즈·게임	33
8위	극장용 영화	23
9위	일기예보	21
10위	자연·역사·기행·과학 등 일반교양프로그램	15

	여성 16~29세	
1위	가요프로그램·음악프로그램	72
2위	만담·재담 등의 연희·연예	71
3위	드라마	70
4위	애니메이션·만화	41
5위	퀴즈·게임	37
6위	뉴스·뉴스쇼	36
7위	극장용 영화	30
8위	일기예보	28
9위	아침이나 낮 호화쇼	28
10위	스포츠 프로그램	16

	남성 30~59세	
1위	뉴스·뉴스쇼	67
2위	스포츠 프로그램	57
3위	만담·재담 등의 연희·연예	46
4위	극장용 영화	36
5위	드라마	35
6위	일기예보	33
7위	자연·역사·기행·과학 등 일반교양프로그램	30
8위	정치·경제·사회 프로그램	29
9위	퀴즈·게임	27
10위	가요프로그램·음악프로그램	25

	여성 30~59세	
1위	드라마	66
2위	뉴스·뉴스쇼	58
3위	만담·재담 등의 연희·연예	46
4위	가요프로그램·음악프로그램	46
5위	일기예보	41
6위	퀴즈·게임	38
7위	아침이나 낮 호화쇼	31
8위	극장용 영화	29
9위	생활·실용 프로그램	29
10위	자연·역사·기행·과학 등 일반교양프로그램	27

	남성 60세 이상	
1위	뉴스·뉴스쇼	77
2위	일기예보	61
3위	스포츠 프로그램	54
4위	정치·경제·사회 프로그램	48
5위	드라마	40
6위	만담·재담 등의 연희·연예	39
7위	자연·역사·기행·과학 등 일반교양프로그램	39
8위	가요프로그램·음악프로그램	31
9위	극장용 영화	28
10위	퀴즈·게임	21

	여성 60세 이상	
1위	뉴스·뉴스쇼	73
2위	일기예보	62
3위	드라마	60
4위	가요프로그램·음악프로그램	52
5위	자연·역사·기행·과학 등 일반교양프로그램	35
6위	퀴즈·게임	35
7위	만담·재담 등의 연희·연예	32
8위	아침이나 낮 호화쇼	32
9위	스포츠 프로그램	31
10위	생활·실용 프로그램	29

하지만 TV의 라이벌적 존재라고 하면 활자 미디어, 특히 신문일 것이다. 보도의 세계에서는 「특종」이라고 불리는, 타사가 모르는 뉴스를 앞 다투어 보도하려고 매일 서로 경쟁하고 있는 것 같다. **좋아하는 신문기사란(문항22)**에서는 「라디오·TV란(44%)」이 「스포츠란(40%)」 등을 누르고 선두 자리에 올랐다. 프로그램 편성표나 프로그램 내용을 소개하는 기사를 읽고 TV를 즐기듯이, 「좋아하는 것」이라는 시점에서 보면 TV와 신문은 경쟁이 아닌 공생 관계를 쌓아가고 있는 듯하다.

청춘 시절의 음악을 선호

좋아하는 TV프로그램 장르에서 「가요프로그램·음악프로그램(42%)」이 5위에 올랐다. TV로 인해 인기에 불이 붙은 음악도 많이 있다. TV 드라마와 CM의 제휴는 한때 히트곡을 내는 하나의 조건이 되기도 했다. 한편 최근의 히트곡에는 가요에 메시지성이 강한 것도 많다. 더불어 우리들에게 「음악」도 하나의 정보·지견을 얻을 수 있는 수단, 미디어가 되고 있음을 시사하고 있다. 여기에서는 「음악」에 초점을 맞추어 설명하기로 한다.

우선 **좋아하는 음악 장르(문항33)**를 보기로 하자. 선두는 「엔카(트로트의 일종), 가요곡(36%)」이고,

표 I-45 좋아하는 음악 장르 베스트 20
(단위: %)

1위	엔카, 가요곡	36
2위	영화음악	33
3위	J-POP	30
4위	클래식 음악(기악곡)	27
5위	포크송	22
6위	동요, 창가	20
7위	드라마 음악	20
8위	일본민요	16
9위	뉴뮤직	15
10위	재즈	14
11위	록	11
12위	뮤지컬	11
13위	하와이안	10
14위	R&B	10
15위	애니메이션·게임음악	9
16위	흘러간 음악(외국)	9
17위	블루스	9
18위	라틴음악	8
19위	샹송	7
20위	클래식음악(오페라, 성악)	7
20위	랩, 힙팝	7

그 뒤를 「영화음악(33%)」, 「J-POP(30%)」, 「클래식 음악(기악곡)(27%)」, 「포크송(22%)」 순으로 잇는다(표 I-45). 엔카는 일본인의 마음이라고도 일컬어진다. 최근에는 고등학교 음악 교과서에 실리기도 한다. 한편 **좋아하는 음악가(문항34)**를 3명으로 제한하여 질문한 결과 「모차르트(11%)」나 「베토벤(8%)」 등 서양 클래식 음악을 대표하는 작곡가가 5위 안에 들어갔다. 그 뒤로는 쇼와昭和 가요계를 대표하는 작곡가 「후루가 마사오古賀政男(2%)」가 6위에 올랐다. 좋아하는 음악 장르가 엔카라 할지라도 음악가라고 하면 유럽 클래식 작곡가를 떠올린다. 메이지의 문명개화기에 서구문화를 고상한 것으로 받아들인 경향을 지금도 계속 지니고 있는 것인지도 모른다.

표 I-46은 남녀 연령층별로 응답이 많은 순으로 나열한 것이다.

「엔카, 가요곡」은 고령층에서 남녀 모두 단연 선두 자리를 차지한다. 「엔카, 가요곡」은 연령층이 높은 사람들에게 지지를 받아 전체 지지율에서 선두 자리를 차지하였다. 반대로 말하면 신세대층에서 지지가 확대되고 있지 못한 점에서 **좋아하는 새(문항32)**의 선두인 「휘파람새」와 마찬가지로 장차 인기가 떨어질 가능성이 있다. 고령층에서는 이외 「일본민요」나 「동요, 창가」도 상위를 마크하였다. 이에 비해 신세대층에서는 남녀 모두 「J-POP」이 선두에 올랐다. 지지율은 2위 이하를 크게 따돌리고 있다. 「J-POP」이라고 하더라도 연령층이 높은 사람들에게는 친숙하지 않을지도 모른다. 원래는 외국의 팝(유행가)을 중심으로 방송하던 FM 라디오국이 일본의 가요곡을 다루는 코너명으로 고안되었다고 한다. 당초 외국의 팝과 같이 세련되고 멋스러운 의미가 들어가 있었지만 지금 「J-POP」은 젊은 사람 취향의 음악 장르명으로 널리 사용되고 있다.

흥미로운 것은 「클래식 음악(기악곡)」이 남녀 연령층을 불문하고 상위에 올라와 있다는 것이다. 「엔카, 가요곡」 등과 같은 대중음악의 반대편에 있는 클래식 음악이지만 폭넓게 선호되고 있다는 것을 말해준다. 클래식 음악의 인기에 관련된 조사 결과 하나를 소개하면 **좋아하는 악기(문항37)**에

표 Ⅰ-46 좋아하는 음악 장르【남녀 연령층별】

(단위: %)

	남성 16~29세	
1위	J-POP	65
2위	락	33
3위	애니메이션·게임음악	23
4위	영화음악	22
5위	랩, 힙합	22
6위	클래식 음악(기악곡)	19
7위	드라마 음악	17
8위	레게	15
9위	재즈	15
10위	펑크	12

	여성 16~29세	
1위	J-POP	76
2위	영화음악	31
3위	드라마 음악	31
4위	클래식 음악(기악곡)	28
5위	랩, 힙합	25
6위	레게	21
7위	R&B	20
8위	락	18
9위	애니메이션·게임음악	17
10위	재즈	16

	남성 30~59세	
1위	영화음악	32
2위	엔카, 가요곡	31
3위	J-POP	31
4위	포크송	30
5위	클래식 음악(기악곡)	24
6위	뉴 뮤직	23
7위	재즈	17
8위	드라마 음악	16
9위	락	15
10위	흘러간 음악(외국)	15

	여성 30~59세	
1위	J-POP	39
2위	영화음악	37
3위	클래식 음악(기악곡)	35
4위	포크송	31
5위	드라마 음악	29
6위	뉴 뮤직	25
7위	엔카, 가요곡	24
8위	동요, 창가	21
9위	뮤지컬	16
10위	재즈	15

	남성 60세 이상	
1위	엔카, 가요곡	70
2위	일본민요	42
3위	영화음악	33
4위	동요, 창가	25
5위	클래식 음악(기악곡)	22
6위	하와이안	17
7위	군가	15
8위	라틴음악	15
9위	포크송	12
9위	재즈	12

	여성 60세 이상	
1위	엔카, 가요곡	60
2위	동요, 창가	47
3위	일본민요	34
4위	영화음악	32
5위	클래식 음악(기악곡)	27
6위	포크송	20
7위	하와이안	18
8위	상송	16
9위	드라마 음악	16
9위	블루스	16

5. TV프로그램, 음악은 연령에 따라 큰 차이 ~미디어~

서「피아노(50%)」가 선두이고「바이올린(31%)」이 2위였다. 클래식 음악에서 빼놓을 수 없는 이 두 개가 상위에 들어갔다.

그런데 중년층에서는「포크송」이나「뉴뮤직」이 상위에 올라왔다. 이렇게 보면 각 세대의 청춘 시절에 좋아했던 음악과 관련이 있는 것 같다. 남성 고령층에서 7위를 차지한「군가」도 마찬가지일 것이다. 이야기가 옆길로 새지만 **좋아하는 연령(문항42)**에서는「20대(47%)」가 2위인「30대(33%)」를 크게 따돌리고 지난번(1983년) 조사와 마찬가지로 선두 자리를 지켰다. 그것도「20대」는 남성 고령층 이외의 모든 층에서 지지율이 최고였다(남성 고령층의 선두는「30대」이고 뒤를 이어「20대」).

이미 먼 옛날의 청춘시절, 그즈음의 음악을 들으면 원기 왕성했던 자신으로 재탄생, 신진대사를 위한 배고픔과 엄한 현실로부터 새콤달콤한 추억으로 내달린다――. 아! 조금은 포크송을 너무 들은 것 같다.

고령층은「나가카와 기요시永川きよし」, 신세대층은「하마사키 아유미浜崎あゆみ」

다음으로 미디어에 밀접하게 관여하는 사람들, **좋아하는 탤런트·가수(문항24)**를 보기로 하자. 이 질문은 세 명으로 제한하여 자유응답방식으로 질문하였다. 그룹명으로 한 응답도 인정했다.

선두는 엔카계의 아이돌「나가카와 기요시永川きよし(4%)」,「미소라 히바리美空ひばり(4%)」,「기타지마 사부로北島三郎(3%)」,「아카시야 삼마明石家さんま(3%)」,「기무라 다쿠야木村拓哉(3%)」, 가 뒤를 이었다. 다만 선두는「나

표 I-47 좋아하는 탤런트·가수 베스트 10
(단위: %)

순위	이름	%
1위	나가카와 기요시(永川きよし)	0.04
2위	미소라 히바리(美空ひばり)	0.04
3위	기타지마 사부로(北島三郎)	0.03
4위	아카시야 삼마(明石家さんま)	0.03
5위	기무라 다쿠야(木村拓哉)	0.03
6위	고부쿠로(コブクロ)	0.02
7위	스마프(SMAP)	0.02
8위	이쓰키 히로시(五木ひろし)	0.02
9위	하마사키 아유미(浜崎あゆみ)	0.02
10위	후쿠야마 마사하루(福山雅治)	0.02

가카와 기요시永川きよし」에서도 지지율은 4%로 한 자리수이다. 반대로 말하면 일본인 전체에서 보면 특정 인물·그룹에 인기가 집중하는 일은 없고 실제로 다양한 탤런트·가수가 선호되고 있다는 것이다(표 I-47).

표 I-48은 남녀 연령층별로 응답이 많은 순으로 나열한 것이다. 고령층은 엔카 가수가 상위이다. 남성 고령층은 「가타지마 사부로北島三郎」, 여성

표 I-48 좋아하는 탤런트·가수【남녀 연령층별】

(단위: %)

	남성 16~29세	
1위	다운타운 (ダウンタウン)	6
2위	범프 오브 치킨 (BUMP OF CHICKEN)	4
2위	하마사키 아유미 (浜崎あゆみ)	4
4위	미스터 칠드런 (Mr.Childen)	3
4위	크림스튜: Cream Stew (くりぃむしちゅー)	3

	여성 16~29세	
1위	하마사키 아유미 (浜崎あゆみ)	9
2위	고다 구미 (倖田 来未)	8
3위	에그자일 (EXILE)	4
4위	오다기리 조 (オダギリジョー)	4
4위	기무라 다쿠야 (木村拓哉)	4
4위	후쿠야마 마사하루 (福山雅治)	4
4위	아카시야 삼마 (明石家さんま)	4

	남성 30~59세	
1위	비트 다케시 (ビートたけし)	4
2위	아카시야 삼마 (明石家さんま)	3
3위	시마다 신스케 (島田紳助)	3
4위	고부쿠로 (コブクロ)	3
4위	도코로 조지 (所ジョージ)	3

	여성 30~59세	
1위	스마프 (SMAP)	5
1위	후쿠야마 마사하루 (福山雅治)	5
3위	고부쿠로 (コブクロ)	4
4위	기무라 다쿠야 (木村拓哉)	4
5위	아카시야 삼마 (明石家さんま)	3

남성 60세 이상		
1위	기타지마 사부로 (北島三郎)	14
2위	미소라 히바리 (美空ひばり)	7
3위	나가카와 기요시 (永川きよし)	7
4위	이쓰키 히로시 (五木ひろし)	4
5위	가와나카 미유키 (川中美幸)	2
5위	후지타 마코토 (藤田まこと)	2

여성 60세 이상		
1위	나가카와 기요시 (永川きよし)	11
1위	미소라 히바리 (美空ひばり)	11
3위	덴도 요시미 (天童よしみ)	6
4위	이쓰키 히로시 (五木ひろし)	5
5위	가와나카 미유키 (川中美幸)	5

　고령층은「나가카와 기요시永川きよし」가 선두였다.「나가카와 기요시永川きよし」는 고령층에서의 지지가 전체 지지율 선두로 이어졌다. 이에 비해 남성 신세대층이나 중년층에서는 탤런트가 상위에 들어가 있었다. 남성 신세대층의 선두는「다운타운ダウンタウン」, 남성 중년층의 선두는「비트 다케시ビートたけし」였다. 원래는 탤런트이더라도 영화감독으로서의 활약이나 TV프로그램에서 보여주는 신선한 모습 등 다재다능한 면이 매력적으로 작용하기 때문일지도 모른다.

　한편 여성 신세대층의 선두는「하마사키 아유미浜崎あゆみ」, 그 다음으로「J-POP」계의 가수가 뒤를 잇는다.「하마사키 아유미浜崎あゆみ」는 남성 신세대층에서도 2위에 올랐다. 또 여성 신세대층과 중년층에서는「기무라 다쿠야木村拓哉」나「후쿠야마 마사하루福山雅治」등 미남계도 상위에 올라 있다. 다만 신세대층이나 중년층은 남녀 모두 선두의 지지율은 한 자리수로 남성 고령층의「사브짱サブちゃん」과 같이 특정 층에서 압도적으로 선호되고 있는 탤런트・가수는 없었다. 다시 말하면 젊은 사람들의 취향은 다양하다는 것이다.

반드시 등장하는 미스터리 작가

마지막으로 **좋아하는 작가**(문항36)를 보기로 하자. 이 질문도 세 명으로 한정하여 자유응답식으로 대답하도록 하였다.

선두는 「시바 료타로司馬遼太郎(4%)」이고 「마쓰모토 세이초松本清張(4%)」, 「나쓰메 소세키夏目漱石(3%)」, 「니시무라 교타로西村京太郎(3%)」가 그 뒤를 잇는다. 좋아하는 탤런트·가수와 마찬가지로 선두에 대한 지지율은 한 자리수였다. 「무응답」은 좋아하는 탤런트·가수는 37%였지만 미스터리 작가 쪽은 59%였다. 절반을 넘는 사람이 아무

표 I-49 좋아하는 작가 베스트 10
(단위: %)

1위	시바 료타로(司馬遼太郎)	4
2위	마쓰모토 세이초(松本清張)	4
3위	나쓰메 소세키(夏目漱石)	3
4위	니시무라 교타로(西村京太郎)	3
5위	아카가와 지로(赤川次郎)	3
6위	이쓰키 히로유키(五木寛之)	2
7위	후지사와 슈헤이(藤沢周平)	2
8위	미야베 미유키(宮部みゆき)	2
9위	야마사키 도요코(山崎豊子)	2
10위	와타나베 준이치(渡辺淳一)	2

대답을 하지 않았다. 선두에 대한 지지율이 낮다고 해서 일본인의 취향이 반드시 폭넓은 것은 아니다. 베스트 10을 보면 「마쓰모토 세이초松本清張」나 「니시무라 교타로西村京太郎」 등 미스터리 작가가 4명이나 들어 있다(표 I-49). TV 드라마에서도 미스터리물이 정평이 나있다.

표 I-50은 남녀 연령층별로 응답이 많은 순으로 나열한 것이다. 신세대층에서 「릴리·프랭키リリ-·フランキ-」나 「요시이Yoshi」 등 최근 화제가 된 작가가 지지를 얻고 있다. 한편 문호인 「나쓰메 소세키夏目漱石」는 고령층을 중심으로 각층에서 지지를 받고 있다. 다만 탤런트·가수와 비교하면 특정층에서 압도적으로 지지를 받고 있는 작가는 없는 것 같다. 어쩌면 오늘날에는 활자를 중심으로 활약하는 작가가 많은 사람들에게 지지를 받는 것은 어려울지도 모른다.

표 I-50 좋아하는 작가 【남녀 연령층별】

(단위: %)

남성 16~29세		
1위	릴리・프랭키(リリー・フランキー)	3
2위	시바 료타로(司馬遼太郎)	2
2위	아카가와 지로(赤川次郎)	2
4위	나쓰메 소세키(夏目漱石)	2
4위	무라야마 유카(村山由佳)	2
4위	미타니 사치키(三谷幸喜)	2

여성 16~29세		
1위	요시이(Yoshi)	5
2위	히가시노 게이고(東野圭吾)	4
3위	아카가와 지로(赤川次郎)	3
3위	릴리・프랭키(リリー・フランキー)	3
5위	나쓰메 소세키(夏目漱石)	2
5위	마쓰모토 세이초(松本清張)	2
5위	에쿠니 가오리(江国香織)	2
5위	무라카미 하루키(村上春樹)	2

남성 30~59세		
1위	시바 료타로(司馬遼太郎)	7
2위	마쓰모토 세이초(松本清張)	3
3위	아카가와 지로(赤川次郎)	3
3위	니시무라 교타로(西村京太郎)	3
5위	나쓰메 소세키(夏目漱石)	3

여성 30~59세		
1위	미야베 미유키(宮部みゆき)	4
2위	아카가와 지로(赤川次郎)	4
3위	니시무라 교타로(西村京太郎)	3
4위	와타나베 준이치(渡辺淳一)	3
5위	나쓰메 소세키(夏目漱石)	2
5위	히가시노 게이고(東野圭吾)	2
5위	하야시 마리코(林真理子)	2

남성 60세 이상		
1위	마쓰모토 세이초(松本清張)	8
2위	시바 료타로(司馬遼太郎)	7
3위	나쓰메 소세키(夏目漱石)	5
4위	후지사와 슈헤이(藤沢周平)	4
5위	이케나미 쇼타로(池波正太郎)	3

여성 60세 이상		
1위	나쓰메 소세키(夏目漱石)	6
2위	마쓰모토 세이초(松本清張)	5
3위	이쓰키 히로유키(五木寛之)	4
3위	야마사키 도요코(山崎豊子)	4
5위	가와바타 야스나리(川端康成)	3
5위	후지사와 슈헤이(藤沢周平)	3
5위	하시다 스가코(橋田寿賀子)	3

영원한 방랑자 도라寅씨

요 몇 년 동안 일본 영화가 성행하고 있다. 일본 영화 제작자 연맹의 발표에 따르면 상영된 일본 영화 수는 1990년경부터 매년 200편대를 기록해 오다가 2006년에는 417편으로 거의 30년 만에 외국 영화 상영 편수를 뛰어 넘었다. 흥행 수입을 보면 전년도 대비 32%가 증가하여 10억엔을 넘는 작품이 2편 있었다. 또 영화관은 이른바 시네콤(=시네마 콤플렉스: cinema complex)이 주류를 이루어 1990년대 감소했던 스크린 수가 다시 증가하는 데에 공헌을 하고 있다. **좋아하는 문화・오락시설(문항 44)**에서 「영화관」의 취향 비율(=지지율)은 32%로, 그 중에서도 젊은 여성들에게는 「쇼핑몰」, 「수족관」, 「가라오케 복스」와 더불어 인기가 있다.

이와 같이 영화는 큰 스크린으로 관람하고자 하는 사람들이 있는 반면에, 자택에서 즐기고 싶어 하는 사람들도 있다. 시간을 신경 쓰지 않고 최근 작품뿐만 아니라 과거의 명화도 부담 없이 볼 수 있다. **여가 때 하는 것 중 좋아하는 것(문항15)**에서 「DVD・비디오를 본다」가 38%, 「영화를 본다」가 26%였다. 젊은 사람들로 한정하면 전자가 62%, 후자가 39%로

표 1 좋아하는 일본 영화 베스트 10
(단위: %)

순위	영화	%
1위	남자는 괴로워 시리즈	7
2위	낚시 바보 일지 시리즈	4
3위	바다원숭이 시리즈	3
4위	이웃집 토토로	3
5위	7인의 사무라이	3
6위	행복의 노란 손수건	2
6위	춤추는 대수사선 시리즈	2
8위	무사의 1분	2
9위	스물 네 개의 눈동자	2
10위	센과 치히로의 행방불명	2
10위	ALWAYS 3가의 석양	2

젊은 사람들은 영화관에 가는 것도 좋아하지만, 자택에서 부담 없이 보는 것도 좋아하는 것 같다.

이번(2007년) 조사에서는 **좋아하는 일본 영화(문항55)**에 대해 자유응답으로 세 개까지 적도록 하였다. 그것을 정리한 것이 표 1이다.

집계에 있어서 시리즈 작품·리메이크 작품은 하나로 간주하였다. 주목의 1위는 ……아쓰미 기요시渥美淸 주연의 「남자는 괴로워 시리즈」이다. 1995년의 「도라 지로寅次郎 홍화」가 마지막 작품이 되었지만, 신작은 제작되지 않아도 지금은 전 48작품을 DVD로 즐길 수 있게 되었다. 남녀 연령층별로 보면 여성 신세대층을 제외한 모든 층에서 베스트 10에 들어가 있다. 국민적인 인기 영화라고 해도 좋을 것이다(표 2).

표 2 좋아하는 일본 영화【남녀 연령층별】

(단위: %)

	남성 16~29세			여성 16~29세	
1위	춤추는 대수사선 시리즈	6	1위	바다원숭이 시리즈	11
2위	남자는 괴로워 시리즈	5	2위	세상의 중심에서 사랑을 외치다	7
2위	워터 보이즈	5	3위	데스노트	6
2위	바다원숭이 시리즈	5	4위	춤추는 대수사선 시리즈	5
2위	지금 만나러 갑니다	5	5위	지금 만나러 갑니다	5
2위	모노노케히메(월령공주)	4	5위	이웃집 토토로	5
6위	낚시 바보 일지 시리즈	4	7위	트릭	5
6위	도로로	4	8위	센과 치히로의 행방불명	4
9위	이웃집 토토로	4	8위	유초텐 호텔	4
10위	세상의 중심에서 사랑을 외치다	3	8위	도로로	4
10위	남자들의 야마토	3			

남성 30~59세		
1위	남자는 괴로워 시리즈	9
2위	낚시 바보 일지 시리즈	7
3위	7인의 사무라이	4
4위	행복의 노란 손수건	3
5위	모래그릇	2
6위	춤추는 대수사선 시리즈	2
8위	인의없는 싸움 시리즈	2
8위	남자들의 야마토	2
10위	이웃집 토토로	2

여성 30~59세		
1위	이웃집 토토로	6
2위	남자는 괴로워 시리즈	5
3위	바다원숭이 시리즈	5
4위	낚시 바보 일지 시리즈	4
4위	춤추는 대수사선 시리즈	4
6위	바람 계곡의 나우시카	3
7위	센과 치히로의 행방불명	3
8위	무사의 1분	3
9위	ALWAYS 3가의 석양	2
10위	행복의 노란 손수건	2
10위	쉘 위 댄스?	2
10위	지금 만나러 갑니다	2

남성 60세 이상		
1위	남자는 괴로워 시리즈	11
2위	7인의 사무라이	8
3위	낚시 바보 일지 시리즈	6
4위	스물 네 개의 눈동자	4
5위	충신장	3
6위	행복의 노란 손수건	2
7위	라쇼몬	1
7위	모래그릇	1
7위	너의 이름은	1
7위	푸른 산맥	1
7위	무사의 1분	1

여성 60세 이상		
1위	남자는 괴로워 시리즈	9
2위	스물 네 개의 눈동자	5
3위	행복의 노란 손수건	4
4위	낚시 바보 일지 시리즈	3
5위	도쿄이야기	3
6위	쉘 위 댄스?	2
6위	황혼청무관	2
6위	무사의 1분	2
6위	이오지마(硫黃島)에서 온 편지	2
10위	철도원	2
10위	기쁨도 슬픔도 하세월	2

이제 시점을 감독으로 옮겨 보기로 하자. 좋아하는 영화로 올라온 작품의 감독을 조사해 보면 야마다 요지山田洋次 감독의 작품이「남자는 괴로워」외에 다카쿠라 겐高倉健 주연의「행복의 노란 손수건」, 그리고 기무라 다쿠야木村拓哉의 첫 시대극 주연으로 화제가 된「무사의 1분」등 3 작품이 랭크인 되었으며 전문 감독으로서의 실력을 유감없이 보여 준다. 또 한 사람, 다수의 작품이 랭크인 되고 있는 것이 미야자키 하야오宮崎駿 감독이다.「이웃집 토토로」와「센과 치히로의 행방불명」의 2편이다. 애니메이션 영화에서는 미야자키宮崎 작품만이 베스트 10에 들어가 있다.

주연 배우를 조사하면 남성이 우위를 차지하고 있다. 야마다山田 감독 작품의 세 사람 외에 니시다 도시유키西田敏行, 이토 히데아키伊藤英明, 시무라 다카시志村喬, 오다 유지織田裕二, 요시오카 히데타카吉岡秀隆가 올라와 있다. 한편 여성은「스물 네 개의 눈동자」의 다카미네 히데코高峰秀子(1954년), 다나카 유코田中裕子(1987년) 뿐이다. 젊은 시절 본 영화가 마음에 남아 있는 사람, 최근의 히트작을 떠올리는 사람, 좋아하는 배우의 주연 영화가 가장 좋다고 하는 사람 등 실로 각양각색이었다.

6 홋카이도北海道 후지산富士山, 시만토가와四万十川, 그리고 노부나가信長 ~지리, 역사~

　최근 염가 항공권을 손쉽게 구할 수 있어 국내를 여행하는 것보다 해외에 나가는 것이 더 경제적인 경우가 있다. 법무성의 통계에 따르면 2006년 1년간 일본을 나간 일본인 수는 1,753만명 남짓으로 3년 연속 증가세를 보이고 있다. 이 수는 20년 전에 비하면 실로 3배 이상이다. 해외여행의 행선지나 목적도 다양하고 세계 각지에서 일본인의 모습을 쉽게 볼 수 있게 되었다. 에도 시대 말기의 개국에서 150년 남짓이 흐른 지금 세계는 아주 가까워졌다.
　한편으로 일본은 역사가 깊은 나라이기도 하다. 시대에 따라 「좋아하는 것」이 쌓이고, 그것이 문화를 만들고 다시 역사가 만들어져 왔다. TV를 켜면 호화쇼 프로그램 일색인 오늘날에도 역사 대하드라마나 역사 교양계의 프로그램은 인기를 유지한다.
　이 절에서는 지리나 역사에 관해 일본인이 좋아하는 것을 보기로 하자.

「먼」 아시아와 「가까운」 구미欧美

　좋아하는 나라·지역(문항25)은 「오스트레일리아(28%)」, 「이탈리아(27%)」, 「스위스(24%)」, 「미국(24%)」의 순으로 구미欧美의 나라들이 비교적 상위에 올랐다. 이에 비해 아시아의 나라·지역에서는 「한국(12%)」이 유일하게 좋아한다고 대답한 비율(=지지율)이 10%를 넘은 것 외에는 「싱가포르(9%)」, 「중국(9%)」, 「대만(8%)」 등 이들의 지지율은 모두 한 자리 수에 불과하다. 먼 아시아와 가까운 구미欧美라고 하는, 지리적인 거리와는 반대의 경향을 보인다(표 I-51).

표 I-51 좋아하는 나라·지역 베스트 20

(단위: %)

今回(2007年)			前回(1983年)		
1위	오스트레일리아	28	1위	스위스	49
2위	이탈리아	27	2위	미국	33
3위	스위스	24	3위	오스트레일리아	31
4위	미국	24	4위	프랑스	30
5위	프랑스	21	5위	캐나다	26
6위	캐나다	20	6위	영국	25
7위	영국	18	7위	네덜란드	23
8위	뉴질랜드	16	8위	영국	22
9위	독일	15	9위	중국	20
10위	스페인	14	10위	스웨덴	19
11위	오스트리아	13	11위	뉴질랜드	19
12위	네덜란드	12	12위	이탈리아	17
13위	한국	12	13위	덴마크	17
14위	그리스	11	14위	서독	15
15위	스웨덴	11	15위	스페인	14
16위	싱가포르	9	16위	브라질	12
17위	타이티	9	17위	이집트	9
18위	중국	9	18위	멕시코	8
19위	대만	8	19위	아르헨티나	8
20위	이집트	8	20위	인도	5

　지난번(1983년) 조사에서는 「스위스」가 눈에 띄게 선두 자리를 차지하였으며 「미국」, 「오스트레일리아」, 「프랑스」가 뒤를 이었다. 일본인의 구미欧美지향은 변함이 없다. 더욱이 선택지가 다르기 때문에 수치의 직접비교는 안 되지만 대략적인 경향 변화를 보면 「이탈리아」는 이번(2007년) 조사에서 지지율이 크게 증가하였다. 일본인의 프로축구 활약이나 요리, 패션의 침투 등으로 친밀한 존재가 되었다는 것이다.

　표 I-52는 남녀 연령층별로 응답이 많은 순으로 나열한 것이다. 남녀 모두 신세대층에서는 「이탈리아」가 선두였다. 반대로 고령층에서는 지난번(1983년) 우승자覇者 「스위스」가 상위에 올랐다. 「이탈리아」와 「스위스」는 모두 일본인에게 인기가 있는 나라이지만 알프스 산맥을 사이에 두고

표 I-52 좋아하는 나라·지역 【남녀 연령층별】

(단위: %)

남성 16~29세		
1위	이탈리아	29
2위	미국	21
3위	영국	19
4위	프랑스	19
5위	오스트레일리아	16
6위	스페인	15
7위	독일	15
8위	스위스	13
9위	네덜란드	13
10위	캐나다	11

여성 16~29세		
1위	이탈리아	40
2위	오스트레일리아	32
3위	프랑스	30
4위	미국	25
5위	영국	23
6위	스위스	19
7위	독일	18
8위	캐나다	17
9위	네덜란드	17
10위	뉴질랜드	16

남성 30~59세		
1위	오스트레일리아	30
2위	미국	27
3위	이탈리아	23
4위	스위스	21
5위	캐나다	20
6위	뉴질랜드	17
7위	독일	17
8위	프랑스	17
9위	영국	16
10위	스페인	15

여성 30~59세		
1위	이탈리아	35
2위	오스트레일라아	31
3위	스위스	29
4위	프랑스	27
5위	미국	25
6위	캐나다	23
7위	영국	20
8위	뉴질랜드	19
9위	오스트리아	16
10위	스페인	15

남성 60세 이상		
1위	미국	28
2위	오스트레일리아	28
3위	스위스	27
4위	캐나다	21
5위	뉴질랜드	18
6위	프랑스	17
7위	이탈리아	17
8위	독일	16
9위	영국	15
10위	대만	15

여성 60세 이상		
1위	스위스	26
2위	오스트레일리아	23
3위	이탈리아	21
4위	캐나다	21
5위	프랑스	20
6위	영국	17
7위	미국	16
8위	오스트리아	15
9위	독일	12
10위	뉴질랜드	11

6. 홋카이도北海道 후지산富士山, 시만토가와四万十川, 그리고 노부나가信長 ~지리, 역사~

있는 이웃 나라인 이 두 나라가 신세대층과 고령층에서 인기를 끄는 방법이 다른 것은 흥미로운 결과이다. 한편 안타깝게도 베스트 10에서 빠졌지만 여성 중년층에서는 「한국」이 11위로 분발하고 있다. 욘사마로 대표되는 「한류붐」의 영향으로 생각된다.

그림 I-11은 응답수가 100이상 있었던 31개의 나라·지역에 대해 「남성률」과 「50세 미만율」의 관계를 나타낸 것이다.

그림 I-11 「나라·지역」의 분포도

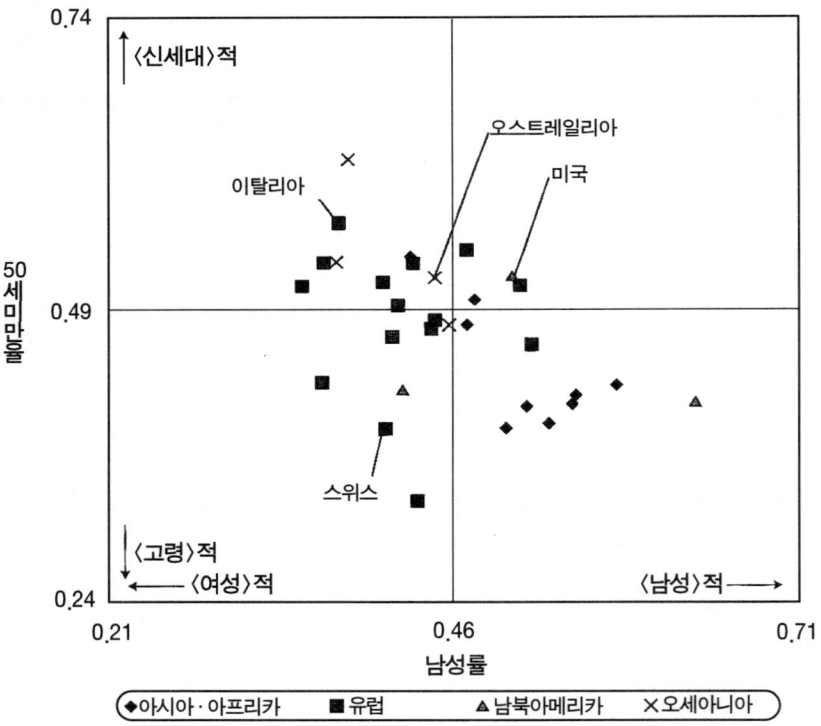

우선 아시아와 아프리카의 나라・지역은 대략〈남성・고령〉적이다. 이에 비해 유럽의 나라・지역은 많지만〈여성〉적이고 더욱이〈신세대〉적인 것과〈고령〉적인 나라・지역으로 나눌 수 있다. 지지율 2위인「이탈리아」는〈신세대〉적, 3위인「스위스」는〈고령〉적이다. 한편 선두인「오스트레일리아」는「남성률」=0.46,「50세 미만율」=0.49의 두 축의 교점에 비교적 가까운 것을 알 수 있다.「오스트레일리아」는 다른 나라・지역에 비하면 상대적으로 좋아한다는 남녀차나 연령차가 작다고 할 수 있다. 4위인「아프리카」도 두 축의 교점 가까이에 있지만 약간〈남성〉적이다.

표 I-53　좋아하는 나라・지역【남성률과 50세 미만율】

	남성률이 높다			남성률이 낮다	
1위	브라질	0.64	1위	벨기에	0.35
2위	대만	0.58	2위	오스트리아	0.37
3위	타이	0.55	3위	프랑스	0.37
4위	인도	0.55	4위	뉴칼레도니아	0.38
5위	중국	0.53	5위	이탈리아	0.38
6위	노르웨이	0.52	6위	타이티	0.40
7위	터키	0.52	7위	영국	0.41
8위	독일	0.51	8위	스위스	0.41
9위	미국	0.51	9위	네덜란드	0.42
10위	싱가포르	0.50	10위	그리스	0.42

	50세 미만율이 높다			50세 미만율이 낮다	
1위	타이티	0.63	1위	덴마크	0.32
2위	이탈리아	0.56	2위	스위스	0.38
3위	스페인	0.54	3위	싱가포르	0.39
4위	한국	0.53	4위	중국	0.39
5위	뉴칼레도니아	0.53	5위	터키	0.40
6위	핀란드	0.53	6위	인도	0.40
7위	프랑스	0.53	7위	브라질	0.41
8위	미국	0.52	8위	타이	0.41
9위	오스트레일리아	0.51	9위	캐나다	0.42
10위	영국	0.51	10위	대만	0.42

더욱이「남성률」이 가장 높았던 것은「브라질」, 낮았던 것은「벨기에」였다. 이것은「브라질」은 남성에,「벨기에」는 여성에 쏠린 선호도를 보인다는 것을 의미한다. 한편「50세 미만율」이 가장 높았던 것은「타이티」낮았던 것은「덴마크」였다(표 I-53).

정평이 난「홋카이도北海道」,「후지산富士山」,「시만토가와四万十川」

다음으로 일본 국내의 지리를 보기로 하자. **좋아하는 도도부현都道府県(문항26), 좋아하는 산(산계)(문항27), 좋아하는 강(문항28)**에서 모두 다른 것을 누르고 선두에 오른 것이 있었다. 도도부현都道府県은「홋카이도北海道(50%)」, 산(산계)는「후지산富士山(51%)」, 강은「시만토가와四万十川(30%)」이다. 각각 2위인「교토부京都府」는 27%,「아소산阿曾山」은 19%,「모가미가와最上川」는 15%로 지지율에서 크게 차이를 나타내고 있다.「홋카이도北海道」,「후지산富士山」,「시만토가와四万十川」는 일본인에게 정평이 나 있는 곳이라고 할 수 있다.「홋카이도北海道」,「후지산富士山」은 거의 과반수가 선호하는 것으로 나타났다는 점에서 지지율이 특히 높다고 할 수 있다(표 I-54, 55, 56).

표 I-54 좋아하는 도도부현(都道府県) 베스트 10

(단위: %)

	今回(2007年)			前回(1983年)	
1위	홋카이도(道)	50	1위	홋카이도(道)	55
2위	교토부	37	2위	교토부	49
3위	오키나와현	33	3위	나라현	28
4위	도쿄도(都)	25	4위	도쿄도(都)	27
5위	가나가와현	18	5위	오키나와현	26
6위	오사카부	18	6위	나가사키현	23
7위	나가노현	17	7위	나가노현	23
8위	시즈오카현	15	8위	시즈오카현	21
9위	나라현	14	9위	가나가와현	20
10위	나가사키현	13	10위	오사카부	19

표 I-55 좋아하는 산(산계) 베스트 10

(단위: %)

今回(2007年)			前回(1983年)		
1위	후지산(富士山)	51	1위	후지산(富士山)	59
2위	아소산(阿蘇山)	19	2위	아소산(阿蘇山)	29
3위	다테야마(立山)	14	3위	자오산(蔵王山)	24
4위	사쿠라지마(桜島)	13	4위	다테야마(立山)	23
5위	호타카다케(穂高岳)	12	5위	다이세쓰잔(大雪山)	20
6위	다이세쓰잔(大雪山)	12	6위	호타카다케(穂高岳)	20
7위	야쓰가다케(八ヶ岳)	11	7위	시로우마다케(白馬岳)	19
8위	시로우마다케(白馬岳)	11	8위	기소오타케(木曾御岳)	16
9위	자오산(蔵王山)	11	9위	반다이산(磐梯山)	15
10위	노리쿠라다케(乗鞍岳)	10	10위	노리쿠라다케(乗鞍岳)	15

표 I-56 좋아하는 강 베스트 10

(단위: %)

今回(2007年)			前回(1983年)		
1위	시만토가와(四万十川)	30	1위	기소가와(木曾川)	28
2위	모가미가와(最上川)	15	2위	이시카리가와(石狩川)	24
3위	시나노가와(信濃川)	13	3위	모가미가와(最上川)	23
4위	노네가와(利根川)	12	4위	텐류가와(天竜川)	23
5위	기소가와(木曾川)	11	5위	시나노가와(信濃川)	21
6위	나가라가와(長良川)	11	6위	노네가와(利根川)	20
7위	이시카리가와(石狩川)	11	7위	기타카미가와(北上川)	18
8위	텐류가와(天竜川)	10	8위	도카치가와(十勝川)	15
9위	기타카미가와(北上川)	09	9위	요시노가와(吉野川)	12
10위	도카치가와(十勝川)	06	10위	후지가와(富士川)	09

이들 도도부현都道府県은 지난번(1983년)과 이번(2007년) 조사에서 변함없이 베스트 10에 들어가 있다. 「홋카이도北海道」와 「교토부京都府」가 부동의 선두이지만, 지지율로 비교하면 이번(2007년)에는 모두 지난번(1983년)보다 감소했다. 상위를 차지한 도도부현都道府県의 대부분이 지지율이 감소하는 가운데 이번(2007년)에 3위인 「오키나와현沖縄県」만은 26%에서 33%로 반대로 지지율이 증가하였다. 요리나 음악으로 대표되는 「오키나와 인기」가 나타나 있다고 할 수 있을 것이다.

산(산계)과 강은 지난번(1983년)과 이번(2007년) 조사에서 선택지가 다르기 때문에 수치를 직접 비교할 수 없지만, 대략적인 경향 변화를 보면 지난번(1983년) 상위에 있었던 것이 이번(2007년)에도 상위에 올라와 있다. 「시만토가와四万十川」는 지난번(1983년) 조사에서는 선택지에 들어가 있지 않았지만 최근 청류清流의 이미지가 확산되고 있는 것을 감안하여 선택지에 추가한 결과 갑자기 선두가 되었다. 옛날의 가요 프로그램 식으로 말하면 「첫 등장에 1위! 시만토가와四万十川」이었다.

그림 I-12는 도도부현都道府県, 산(산계), 강의 각각에 대해 나라·지역과 마찬가지로 「남성률」과 「50세 미만율」의 관계를 나타낸 것이다. 도도

그림 I-12 「도도부현」, 「산」, 「강」의 분포도

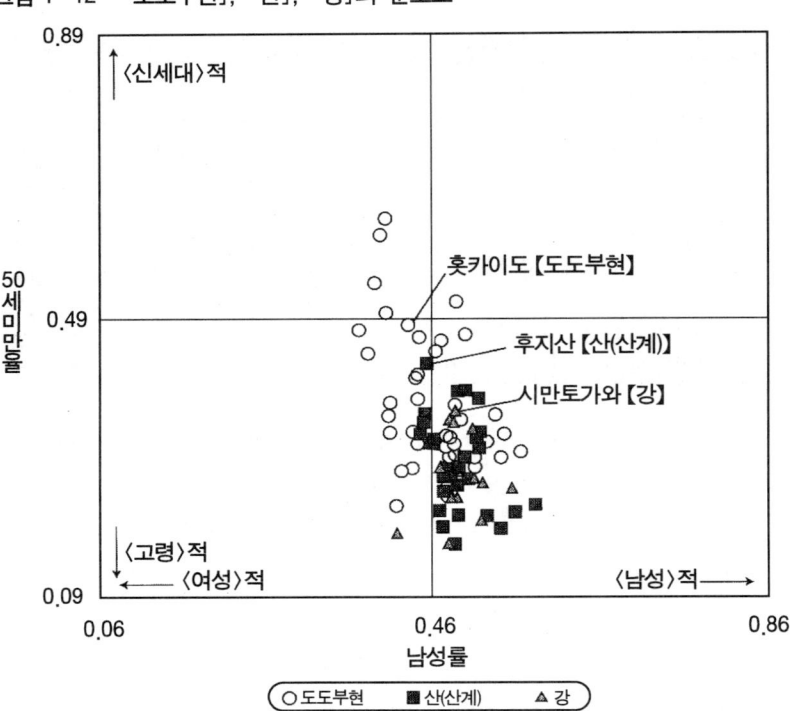

부현都道府県은 47개 전부를, 산(산계)과 강은 응답수가 100 이상 올라온 3개의 산(산계)과 14개의 강만을 소개하고 있다.4) 모두 남녀차는 크지 않고 전체적으로 〈고령〉층이 선호하는 경향을 보이지만 도도부현都道府県은 〈신세대〉적인 것도 보여진다. 도도부현都道府県에서 선두에 오른 2개는 「오사카부大阪府」와 「오키나와현沖縄県」이다. 산(산계)과 강은 서로 비슷한 경향이지만 산(산계)이 〈고령〉적인 것은 최근 중·고령층의 「등산붐」의 영향일지도 모른다. 한편 지지율이 선두인 「홋카이도北海道」, 「후지산富士山」, 「시만토가와四万十川」는 「남성률」=0.46, 「50세 미만율」=0.49의 두 축의 교점에 비교적 가깝고 그 밖의 것과 비교하면 상대적으로 취향의 남녀차나 연령차가 작다고 할 수 있다. 이른바 「쏠림없이 넓게 선호되고 있는」 존재라고 할 수 있을 것이다.

공통되는 「본고장 지향」

도도부현都道府県, 산(산계), 강에 공통되는 경향으로서 「본고장 지향」이 있다. 응답자의 거주지를 「홋카이도·도호쿠北海道·東北」, 「간토고신에쓰関東甲信越」, 「도카이·호쿠리쿠東海·北陸」, 「긴기近畿」, 「주고쿠·시코쿠·규슈오키나와中国·四国·九州沖縄」의 다섯 지방으로 나누어 분석한 결과 예를 들면 유효 응답자 전체 가운데 「홋카이도北海道」를 좋아한다고 대답한 사람은 50%였지만, 홋카이도·도호쿠北海道·東北에서 사는 층에서 「홋카이도北海道」를 좋아한다고 대답한 것은 62%로 전체 경향과 비교해서 지지율이 통계적으로 높다.

다시 말하면 홋카이도·도호쿠北海道·東北에 사는 층에서는 「홋카이도北海道」를 강하게 선호한다는 것이다. 이것은 다른 지방에도 적용되는 것으

---

4) 층별로 분석할 경우 샘플 수는 100이상이 바람직하다. 그러나 도도부현都道府県에서 응답수가 100미만이었던 것은 2개 현県뿐이고 응답 수의 최소치는 95이다. 이 때문에 100을 기준으로 하지 않고 모두 표시했다.

로「자신의 거주지역에 있는 도도부현都道府県, 산(산계), 강이 좋다」고 하는 경향이 나타났다. 물론 예외는 있어 예를 들면「오키나와현沖縄県」은 주고쿠・시코쿠・규슈오키나와中国・四国・九州沖縄에 사는 층에서의 지지율은 34%로 전체의 33%와 비교하여 통계적으로 의미있는 차이는 없었지만(=오차 범위내), 간토고신에쓰関東甲信越에 사는 층에서의 지지율은 36%로 전체의 경향보다도 통계적으로 높다.「오키나와현沖縄県」은 간토고신에쓰関東甲信越에 사는 층에서 강하게 선호되고 있다.

다만 이것을 뒤집어 보면 도도부현都道府県에 대해서는「인구가 많은 도도부현都道府県인만큼 응답자가 많기 때문에 상위에 오르기 쉽다」라고도 할 수 있다. 이 때문에「도쿄도東京都(25%)」,「가나가와현神奈川県(18%)」, 「오사카부大阪府(18%)」의 지지율이 높은 것은 이러한 사정도 영향을 끼치고 있다고 생각된다. 표 I-57은 도도부현都道府県별로 응답수를 인구5)로 나눈 수치를 많은 순과 적은 순으로 나열한 것이다. 이것은 인구에 비해 좋아한다고 대답한 사람이 많은지 혹은 적은지를 나타내고 있지만 이 값은 「오키나와현沖縄県」이 가장 크다.「오키나와현沖縄県」은「지역 사랑」이 아닌 인기라고 말할 수 있을 것이다. 한편「도쿄도東京都」,「가나가와현神奈川県」,「오사카부大阪府」등 대도시권의 도도부현都道府県은 일제히 하위로 밀려났지만 이러한 경향은 지난번(1983년) 조사에서도 확인된 바 있다.6)

---

5) 총무성 공표 2006년 10월 1일 시점의 추계치이다. 더욱이 계산은 1,000명 단위로 실시했지만 표에서는 보기 쉽게 하기 위해 10만 명 단위로 보정補正했다.
6) 지난번(1983년) 조사에서 당시의 인구를 근거로 동일하게 계산한 결과 인구에 비해 좋아한다고 대답한 사람이 많은 것은「오키나와현沖縄県」,「나라현奈良県」, 「교토부京都府」의 순이었다. 대답한 사람이 적은 것은「사이타마현さいたま県」,「아이치현愛知県」,「지바현千葉県」이었다.

표 I-57 좋아하는 도도부현(都道府県)【인구대비 선호도】

많다		적다	
도도부현(都道府県)	인구대비	도도부현(都道府県)	인구대비
오키나와현(沖縄県)	58	사이타마현(埼玉県)	2
교토현(京都県)	33	아이치현(愛知県)	3
나라현(奈良県)	24	이바라기현(茨城県)	4
야마나시현(山梨県)	22	지바현(千葉県)	5
고치현(高知県)	22	도쿄도(東京都)	5
나가사키현(長崎県)	21	오사카부(大阪府)	5
홋카이도(北海道)	21	가나가와현(神奈川県)	5
돗토리현(鳥取県)	19	효고현(兵庫県)	5
미야자키현(宮崎県)	19	후쿠오카현(福岡県)	6
이시카와현(石川県)	19	도치기현(栃木県)	7

남성은 무사시대, 여성은 귀족시대

다음으로 역사에 관한 질문을 보기로 하자. **좋아하는 일본 역사상의 시대(문항39)**는 「쇼와昭和(전후戰後)(27%)」가 선두이고 「에도江戸(24%)」가 그 뒤를 이었다. 「헤이안平安(17%)」, 「센고쿠戦国(15%)」, 「메이지明治(13%)」, 「아즈치·모모야마安土·桃山(13%)」가 바짝 「쇼와昭和(전후戰後)」와 「에도江戸」를 뒤쫓고 있다. 지난번(1983년) 조사에서도 「쇼와昭和(전후戰後)」는 선두 자리를 지켰다(표 I-58).

남녀 연령층별로 보면 「쇼와昭和(전후戰後)」는 남녀 모두 고령층에서 선두 자리를 지켰다. 쇼와昭和 30년대 주변의 정경을 그린 영화가 히트하는 등 최근 「옛스럽고 좋은 쇼와昭和」를 그리워하는 풍조가 보이지만 지금의 60대와 70대는 쇼와 30년대에 초등생으로 20대에 걸쳐 청춘을 보냈다. 이러한 층이 뿌리 깊은 쇼와昭和 인기를 지탱하고 있다고 할 수 있을 것이다. 한편 남성은 「센고쿠戦国」, 여성은 「헤이안平安」이 비교적 상위에 올랐다. 남성은 무사시대, 여성은 귀족시대를 동경하고 있는 것 같다(표 I-59).

표 I-58 좋아하는 일본 역사상의 시대 순위

(단위: %)

今回(2007年)			前回(1983年)		
1위	쇼와(전후)(昭和:戰後)	27	1위	쇼와(전후)(昭和:戰後)	39
2위	에도(江戶)	24	2위	헤이안(平安)	19
3위	헤이안(平安)	17	3위	에도(江戶)	16
4위	센고쿠(戰國)	15	4위	메이지(明治)	14
5위	메이지(明治)	13	5위	쇼와(전전)(昭和:戰前)	11
6위	아즈치·모모야마(安土·桃山)	13	6위	가마쿠라(鎌倉)	11
7위	가마쿠라(鎌倉)	10	7위	센코쿠(戰國)	10
8위	아스카(飛鳥)	9	8위	나라(奈良)	10
9위	쇼와(전전)(昭和:戰前)	9	9위	무로마치(室町)	7
10위	나라(奈良)	8	10위	다이쇼(大正)	7
11위	다이쇼(大正)	6	11위	야마토(大和)	7
12위	무로마치(室町)	5	12위	남북조(南北朝)	2
13위	조몬(繩文)	5			
14위	야요이(弥生)	5			
15위	고분(古墳)	3			
16위	구석기(旧石器)	3			
17위	남북조(南北朝)	2			

표 I-59 좋아하는 일본 역사상의 시대 【남녀 연령층별】

(단위: %)

남성 16~29세			여성 16~29세		
1위	센고쿠(戰國)	28	1위	헤이안(平安)	28
2위	에도(江戶)	27	2위	에도(江戶)	22
3위	아즈치─모모야마(安土─桃山)	19	3위	쇼와(전후)(昭和:戰後)	16
4위	메이지(明治)	15	4위	센고쿠(戰國)	12
5위	쇼와(전후)(昭和:戰後)	13	5위	메이지(明治)	12
6위	헤이안(平安)	13	6위	조몬(繩文)	10
7위	가마쿠라(鎌倉)	9	6위	아스카(飛鳥)	10
7위	다이쇼(大正)	9	8위	아즈치·모모야마(安土·桃山)	9
9위	무로마치(室町)	8	9위	야요이(弥生)	8
10위	조몬(繩文)	7	9위	가마쿠라(鎌倉)	8

남성 30~59세		
1위	에도(江戶)	28
2위	센고쿠(戰国)	27
3위	쇼와(전후)(昭和:戰後)	27
4위	아즈치·모모야마(安土·桃山)	18
5위	메이지(明治)	13
6위	가마쿠라(鎌倉)	11
7위	헤이안(平安)	11
8위	아스카(飛鳥)	9
9위	쇼와(전전)(昭和:戰前)	7
10위	무로마치(室町)	6

여성 30~59세		
1위	쇼와(전후)(昭和:戰後)	28
2위	헤이안(平安)	21
3위	에도(江戶)	17
4위	아스카(飛鳥)	11
5위	메이지(明治)	10
6위	아즈치·모모야마(安土·桃山)	9
7위	나라(奈良)	8
8위	가마쿠라(鎌倉)	8
9위	센고쿠(戰国)	7
10위	다이쇼(大正)	6

남성 60세 이상		
1위	쇼와(전후)(昭和:戰後)	34
2위	에도(江戶)	28
3위	센고쿠(戰国)	18
4위	메이지(明治)	17
5위	헤이안(平安)	14
6위	아즈치·모모야마(安土·桃山)	13
6위	쇼와(전전)(昭和:戰前)	13
8위	가마쿠라(鎌倉)	13
9위	나라(奈良)	8
10위	아스카(飛鳥)	7

여성 60세 이상		
1위	쇼와(전후)(昭和:戰後)	33
2위	에도(江戶)	24
3위	쇼와(전전)(昭和:戰前)	20
4위	헤이안(平安)	18
5위	메이지(明治)	17
6위	나라(奈良)	13
7위	가마쿠라(鎌倉)	12
8위	아즈치·모모야마(安土·桃山)	11
9위	아스카(飛鳥)	9
10위	다이쇼(大正)	9

더욱이 **좋아하는 초등학교 학과목**(문항13)에서는 「사회(25%)」는 중립적이지만 **좋아하는 중학교의 학과목**(문항14)에서는 「사회(역사)(29%)」가 상위에 올랐다. 「사회(역사)」는 다른 「사회(지리)(19%)」, 「사회(공민)(7%)」에 비해서 지지율이 높고, 지리보다는 역사가 선호되고 있다.

이에야스家康, 료마竜馬보다도 노부나가信長

마지막으로 **좋아하는 역사상의 인물(문항40)**을 보기로 하자. 이 질문은 자유응답방식으로 세 명으로 제한하여 일본사・세계사를 불문하고 대답하도록 하였다.

결과는 「오다 노부나가織田信長(12%)」가 선두이고 「도쿠가와 이에야스德川家康(9%)」, 「사카모토 료마坂本竜馬(8%)」, 「도요토미 히데요시豊臣秀吉(6%)」, 「쇼토쿠 태자聖徳太子(4%)」가 뒤를 잇는다. 「오다 노부나가織田信長」의 지지율 12%는 전체의 12%(=285명)가 한 명에서 세 명까지의 어딘가에서 노부나가信長의 이름을 적었다는 것이고 노부나가信長는 유일 지지율이 10%를 넘었다(표 I-60).

한편 세계 역사상의 인물은 「나폴레옹(1%)」이 가장 높은 지지율을 보였지만 일본사의 인물에 비해 세계사의 인물은 대답하기 어려웠던 것 같다. 자유응답방식에서 노부나가信長는 떠올리기 쉬운 즉 「일본인에게 친숙한」 인물이라고도 할 수 있다.

표 I-61은 남녀 연령층별로 응답이 많은 순으로 나열한 것이다. 노부나가信長는 각층에서 폭넓은 지지를 모으고 있음을 알 수 있다. 한편 지방별 상위 인물에서는 「도요토미 히데요시豊臣秀吉」가 긴키近畿에서, 「다케다 신겐武田信玄(4%)」이 간토고신에쓰関東甲信越에 사는 층에서 각각 많이 선호되고 있는 것 외에는 눈에 띄는 경향은 보이지 않았다.

표 I-60 좋아하는 역사상의 인물 베스트 10
(단위: %)

1위	오다 노부나가(小田信長)	12
2위	도쿠카와 이에야스(德川家康)	9
3위	사카모토 료마(坂本竜馬)	8
4위	도요토미 히데요시(豊臣秀吉)	6
5위	쇼토쿠 태자(聖徳太子)	4
6위	다케다 신겐(武田信玄)	4
7위	미나모토노 요시쓰네(源義経)	2
8위	사이고 다카모리(西郷隆盛)	2
9위	후쿠자와 유키치(福沢諭吉)	2
10위	노구치 히데요(野口英世)	2

표 I-61 좋아하는 역사상의 인물 【남녀 연령층별】

(단위: %)

	남성 16~29세	
1위	오다 노부나가(小田信長)	18
2위	사카모토 료마(坂本竜馬)	9
3위	도쿠카와 이에야스(德川家康)	8
4위	도요토미 히데요시(豊臣秀吉)	6
5위	미야모토 무사시(宮本武蔵)	4
5위	히지카타 도시조(土方歳三)	4

	여성 16~29세	
1위	오다 노부나가(小田信長)	10
2위	도쿠카와 이에야스(德川家康)	6
2위	사카모토 료마(坂本竜馬)	6
4위	히미코(卑弥呼)	4
4위	도요토미 히데요시(豊臣秀吉)	4

	남성 30~59세	
1위	오다 노부나가(小田信長)	18
2위	사카모토 료마(坂本竜馬)	13
3위	도쿠카와 이에야스(德川家康)	10
4위	도요토미 히데요시(豊臣秀吉)	8
5위	다케다 신겐(武田信玄)	6

	여성 30~59세	
1위	오다 노부나가(小田信長)	9
2위	사카모토 료마(坂本竜馬)	7
3위	도쿠카와 이에야스(德川家康)	7
4위	쇼토쿠 태자(聖徳太子)	5
5위	도요토미 히데요시(豊臣秀吉)	3

	남성 60세 이상	
1위	도쿠카와 이에야스(德川家康)	11
2위	오다 노부나가(小田信長)	10
3위	도요토미 히데요시(豊臣秀吉)	9
4위	사카모토 료마(坂本竜馬)	8
5위	사이고 다카모리(西郷隆盛)	4

	여성 60세 이상	
1위	도쿠카와 이에야스(德川家康)	10
2위	오다 노부나가(小田信長)	8
3위	미나모토노 요시쓰네(源義経)	5
4위	사카모토 료마(坂本竜馬)	5
5위	도요토미 히데요시(豊臣秀吉)	4

수리数理를 기피하는 염려되는 징후

　중학생이나 고교생이 이과나 수학을 좋아하지 않는다는, 즉「수리를 기피하는 것」이 지적된 지 오래되었지만 이번(2007년) 조사에서는 그 하나의 징후라고도 할 수 있는 결과가 나왔다.

　좋아하는 초등학교 학과목(문항13)과 **중학교 학과목(문항14)**의 관계를 보기로 하자(표 1). 초등학교 학과목에서「국어」를 좋아한다고 대답한 사람은 896명이고 이 중 중학교의 학과목에서도「국어」를 좋아한다고 대답한 것은 80%였다. 나머지 20%는 초등학교 학과목에서는「국어」를 좋아하지만 중학교 학과목에서는 그렇지 않다고 하는 이른바「변심」을 한 사람들이다. 마찬가지로「사회」에서는 초등학교에서 좋아한다고 대답한 사람 600명 중 중학교 학과목에서도 좋아한다고 대답한 것은 93%, 변심한 사람은 7%였다(중학교의「사회」는 지리, 역사, 공민의 3개로 나누어 질문하고 있지만 여기에서는 이 가운데 적어도 하나를 좋아한다고 대답하면 중학교의「사회」를 좋아하는 것으로 간주한다).

　이것이 수리 학과목이 되면 변심은 증가한다. 변심의 비율은「산수・수학」은 25%, 「이과」는 30%였다. 모처럼 초등학교「이과」를 좋아해도 그 중 실제 30%는 중학교에서는 변심해 버리는 것이다.

　방정식에 원소 기호——. 중학교에 올라가면「수학」이나「이과」가 얼마나 어렵고 싫은지를 경험한 분이 적지 않다고 생각한다. 변심의 비율은 초등학교와 중학교 간의「단차段差」와 같은 것이다. 이 단차를 조금이나마 줄여서 취향을 계속 연결하는 것이「수리를 기피하는 것」

을 멈추게 하는 데에 중요한 포인트가 될 것으로 본다.

이른바 「유도리(여유)교육ゆとり教育」의 결과, 교육 현장에서 원주율을 3으로 보고 계산을 지도하는 경우까지 생겨 논쟁이 들끓은 적이 있다. 단차를 줄이라고 적었지만 그것은 내용을 단순히 하는 것만이 아니라고 초등학생을 자녀로 둔 이공계 출신의 아버지로서 강하게 어필하고 싶다.

표 1 좋아하는 초등학교 학과목과 좋아하는 중학교 학과목의 관계

【국어】

분모=	전체	초등학교	
		응답 유	응답 무
	2,394명	896	1,496
중학교 응답 유	0.32	80	3
중학교 응답 무	68	20	97

【산수·수학】

분모=	전체	초등학교	
		응답 유	응답 무
	2,394명	726	1,668
중학교 응답 유	0.26	75	5
중학교 응답 무	68	25	95

【음악】

분모=	전체	초등학교	
		응답 유	응답 무
	2,394명	696	1,698
중학교 응답 유	0.26	81	4
중학교 응답 무	74	19	96

【이과】

분모=	전체	초등학교	
		응답 유	응답 무
	2,394명	488	1,906
중학교 응답 유	0.17	70	4
중학교 응답 무	83	30	96

【사회】 (중학교는 지리·역사·공민 중 어느 하나에 응답이 있었다는 의미)

분모=	전체	초등학교	
		응답 유	응답 무
	2,394명	896	1,496
중학교 응답 유	0.32	80	3
중학교 응답 무	68	20	97

7 럭키 세븐, 흰색 선호   ~숫자, 색깔~

한마디로「일본인이 좋아하는 것」이라고 해도 이번(2007년) 55문항 중에는 개인의 취향·기호嗜好가 농도 깊게 반영되는 질문이 있는가 하면 「이유는 제대로 말할 수 없지만 왠지 모르게 좋아한다」와 같은 감각적인 질문 테마도 있다. 구체적인「취향」이 아닌 추상적인「취향」이라고 할 수 있다. 이 절에서는 그러한 질문을 모아 보기로 한다.

숫자나 계절, 요일, 방향, 월, 색깔……. 광적인 색깔은 제쳐 두고라도 대부분의 일본인은「한 자리 수의 숫자는 0에서 9까지의 10종류」,「계절은 춘하추동의 4종류」,「요일은 일요일에서 토요일까지의 7종류」등이라는 지식을 공유하고 있다. 이들 취향을 분석하면「기본적 지식」이라는 것이 떠오를 것이다. 지난번(1983년) 조사 결과와의 비교도 포함하여 특징을 포착해 나가고자 한다.

「8八[7]」보다「럭키 세븐」

좋아하는 숫자(문항52)는「0」에서「9」까지의 한 자리 수로 질문해 보았다. 결과는 지난번(1983년) 조사와 마찬가지로「7(40%)」이 톱으로 2위인「3(25%)」을 크게 따돌렸다. 3위는「8(22%)」이고「럭키 세븐」,「프로야구 인기 선수의 등 번호」,「8八」등을 연상시키는 이른바 재수가 좋다고 여겨지는 숫자는 이번(2007년)에도 상위에 올랐다. 반대로「죽음死」,「무無」,「고苦」를 연상시키는「4(6%)」,「0(6%)」,「9(6%)」는 지난번(1983년)

---

[7] 역주: 한자 8八은 후지산의 모양을 하고 있어 재수가 좋은 숫자로 보통 생각.

표 I-62 좋아하는 숫자 순위

(단위: %)

今回(2007年)			前回(1983年)		
1위	[7]	40	1위	[7]	41
2위	[3]	25	2위	[8]	33
3위	[8]	22	3위	[1]	31
4위	[1]	20	4위	[5]	30
5위	[5]	19	5위	[3]	28
6위	[2]	12	6위	[2]	15
7위	[6]	7	7위	[6]	12
8위	[4]	6	8위	[0]	11
9위	[0]	6	9위	[9]	7
10위	[9]	6	10위	[4]	7

과 마찬가지로 순위는 낮다. 숫자에 대해 대부분의 사람이 공통된 이미지를 지속적으로 가지고 있음을 알 수 있다. 더욱이 짝수보다 홀수를 좋아하는 「홀고 짝저」의 경향은 지난번(1983년)과 변함이 없다(표 I-62).

지난번(1983년)과 이번(2007년)에 좋아한다고 대답한 비율(=지지율)을 비교해 보자. 「7(41%→40%)」, 「4(7%→6%)」 이외의 모든 숫자에서 지지율은 지난번(1983년)보다도 통계적으로 감소하고 있다(「7」, 「4」도 값 자체는 줄었지만 이것은 오차 범위 내이다. 통계적으로는 변화가 없는 것으로 간주한다). 특히 「8(33%→22%)」, 「1(31%→20%)」, 「5(30%→19%)」는 지난번(1983년)보다 10포인트 이상 줄었다. 한편으로 「특별히 없음」과 「무응답」을 합친 비율은 25%로 지난번(1983년)의 16%보다 증가하였다. 숫자에 대한 싫고 좋음에 따른 애착이 줄어들면서 「8」보다 「럭키 세븐」이라는 경향이 강해지고 있는 것 같다.

남녀 연령층별로 보면 유효 응답자 전체의 경향과 비교해서 「7」은 남성 중년층에서 「8」은 여성 중년층에서 지지율이 통계적으로 높아졌다. 「7」은 남성 중년층에서 「8」은 여성 중년층에서 강하게 선호되고 있다고도 할 수 있다. 반대로 「8」은 남성 신세대층과 중년층에서 지지율이 낮고 「럭키 세븐」과 「8」의 차이는 향후 더욱 벌어질 것 같다.

7. 럭키 세븐, 흰색 선호 ~숫자, 색~

계절, 요일, 방향은 선두에 변화가 없다

좋아하는 계절(문항47), 좋아하는 요일(문항49), 좋아하는 방향(문항53)은 모두 지난번(1983년)과 이번(2007년)에 선두가 같았다. 계절은 「봄(69%)」, 요일은 「토요일(53%)」, 방향은 「남쪽(38%)」이다. 오차를 무시하고 단순하게 지지율만을 비교한 경우 순위는 지난번(1983년)과 완전히 동일하였다(표 I-63, 64, 65).

표 I-63 좋아하는 계절 순위

(단위: %)

今回(2007年)		前回(1983年)	
1위 봄	69	1위 봄	67
2위 가을	55	2위 가을	64
3위 여름	30	3위 여름	29
4위 겨울	13	4위 겨울	13

표 I-64 좋아하는 요일 순위

(단위: %)

今回(2007年)		前回(1983年)	
1위 토요일	53	1위 토요일	60
2위 일요일	45	2위 일요일	53
3위 금요일	25	3위 금요일	19
4위 수요일	8	4위 수요일	12
5위 월요일	7	5위 월요일	12
6위 목요일	6	6위 목요일	8
7위 화요일	5	7위 화요일	7

표 I-65 좋아하는 방향 순위

(단위: %)

今回(2007年)		前回(1983年)	
1위 남	38	1위 남	47
2위 동	33	2위 동	42
3위 서	8	3위 서	11
4위 북	6	4위 북	8

지난번(1983년)과 이번(2007년)의 지지율을 비교해 보자.

우선 계절은 「가을(64% → 55%)」이 10포인트 가까이 감소한 것 외에는 거의 같았다. 요일에서는 1위인 「토요일(60% → 53%)」과 2위인 「일요일(53% → 45%)」의 지지율이 감소한 반면, 3위인 「금요일」은 19% → 25%로 반대로 지지율이 증가하였다. 주휴 2일제의 정착과 함께 「꽃의 금요일花金」8)(지금은 거의 사어死語에 가깝지만)의 인기가 높아지고 있다. 방향은 모두 지지율이 감소하고 있다. 더욱이 「특별히 없음」과 「무응답」을 합친 비율은 계절이 3% → 6%, 요일이 11% → 22%, 방향이 24% → 40%로 모두 증가하고 있다.

남녀 연령층별로 보면 「남성이 여름을 좋아하고 여성은 가을을 좋아하고(계절)」, 「신세대층과 중년층의 주말 선호(요일)」라는 큰 경향은 지난번(1983년)과 변함이 없었다. 더욱이 여기에서는 주말이란 금요일부터 일요일까지를 가리키고 있다.

선두 자리에 있는 것 중에서 전체 경향과 비교해서 「봄」은 남녀 모두 고령층에서, 「토요일」은 여성 신세대층과 중년층에서, 「남쪽」은 여성 중년층과 고령층에서 각각 강하게 선호되고 있다. 이번(2007년)에 지지율이 증가한 「금요일」은 여성 신세대층과 중년층에서 지지율이 높아졌지만 지난번(1983년)은 남성 지지율이 높아져 반대의 경향을 보였다. 주말 가족 서비스를 생각해야 하는 우울한 샐러리맨과 대조적으로 하루 일과 후의 자유 시간을 제한 없이 즐기는 OL들을 떠올려 본다. 필자는 「꽃의 금요일花金」을 두고 무심코 그런 상상을 해버렸다.

한편 지방별로는 홋카이도・도호쿠北海道・東北에 사는 층에서 「여름」의 지지율이 전체의 경향보다 높아졌지만 지난번(1983년)도 북일본에서 「여름」을 좋아하는 사람이 많았던 걸로 보아 겨울이 냉엄한 북쪽 지방에서 여름이 변함없이 선호되고 있는 모습을 엿볼 수 있었다.

---

8) 역주: 주휴 2일제로 쉬는 토요일 전야인 금요일을 부담 없이 맘껏 즐길 수 있는 데에서 유래.

「4월」 인기 고조되다

계절을 더욱더 세분화해서 **좋아하는 월(문항48)**을 물어본 결과, 「4월(45%)」, 「5월(45%)」, 「10월(44%)」이 거의 같은 지지율로 상위에 들어갔는데, 지난번 조사도 이들 세 달이 상위였다(표 I-66).

표 I-66 좋아하는 월 순위

(단위: %)

	今回(2007年)			前回(1983年)	
1위	4월	45	1위	10월	48
2위	5월	45	2위	5월	48
3위	10월	44	3위	4월	39
4위	9월	26	4위	9월	26
5위	8월	22	5위	8월	25
6위	11월	21	6위	3월	22
7위	3월	19	7위	1월	21
8위	7월	18	8위	7월	19
9위	6월	15	9위	12월	18
10위	12월	15	10위	11월	17
11위	1월	12	11위	6월	14
12위	2월	7	12위	2월	8

지난번(1983)과 이번(2007)의 지지율을 비교해 보면 상위로는 「5월(48%) → (45%)」과 「10월(48%) → (44%)」은 지지율이 줄어든 반면, 「4월(39%) → (45%)」은 반대로 지지율이 늘었다. 「4월」의 인기가 고조되고 있다. 앞에서 언급한대로 계절에서 1위를 차지한 「봄」의 지지율은 지난번과 이번 모두 그다지 변함이 없었지만, 월별로 보면 「3월(22%) → (19%)」과 「5월」의 지지율이 떨어진 비율만큼, 「4월」이 대신한 형태를 취하고 있다.

반대로 계절로는 「가을」이 유일하게 지지율이 떨어졌지만, 월별로 보면 「10월」은 지지율이 감소하였고, 「9월(26%) → (26%)」은 변함이 없고, 「11월(17%) → (21%)」은 반대로 지지율이 올랐고 「10월」의 감소가 「가을」의 감소에 영향을 미치고 있다고 볼 수 있다. 또한 겨울이 들어간 달은 일률적으로 지지율이 낮으며 「2월」은 이번에도 최하위를 기록하였다, 한편 「특별히 없음」과 「무응답」을 합친 비율은 7% → 10%로 증가하였다.

표 I-67은 남녀 연령층별로 응답이 많은 순서로 나열한 것이다. 신세대층은 장기 휴가가 있는 달, 고령층은 지내기 쉬운 달에 끌리고 있는 듯하며, 이러한 경향은 지난번(1983)에도 볼 수 있었다.

표 I-67 좋아하는 월【남녀 연령층별】

(단위: %)

	남성 16~29세			여성 16~29세	
1위	4월	31	1위	8월	37
1위	8월	31	2위	12월	36
3위	12월	28	3위	4월	34
4위	7월	25	4위	5월	31
5위	5월	23	5위	10월	28
6위	10월	23	6위	9월	26
7위	1월	21	7위	7월	24
8위	3월	20	8위	1월	23
9위	9월	18	9위	3월	22
10위	11월	15	10위	6월	19
11위	2월	15	11위	11월	15
12위	6월	13	12위	2월	13

	남성 30~59세			여성 30~29세	
1위	5월	40	1위	5월	48
2위	4월	38	1위	10월	44
3위	10월	37	3위	4월	43
4위	8월	29	4위	9월	24
5위	9월	26	5위	11월	20
6위	7월	23	6위	3월	18
7위	6월	15	6위	7월	18
8위	11월	15	6위	8월	18
9위	12월	14	9위	12월	15
10위	3월	13	10위	6월	13
11위	1월	13	11위	1월	11
12위	2월	6	12위	2월	6

7. 럭키 세븐, 흰색 선호 ~숫자, 색~

남성 60세 이상		
1위	4월	54
1위	10월	54
3위	5월	50
4위	9월	28
5위	11월	25
6위	3월	17
7위	8월	16
8위	6월	15
9위	7월	13
10위	1월	6
11위	12월	5
12위	2월	2

여성 60세 이상		
1위	4월	64
1위	10월	63
3위	5월	59
4위	11월	31
5위	9월	28
6위	3월	27
7위	6월	19
8위	8월	12
9위	7월	11
10위	1월	10
11위	12월	8
12위	2월	6

남성은 차가운 색, 여성은 따뜻한 색

 마지막으로 **좋아하는 색깔(문항51)**을 보기로 하자. 처음에 적은 대로 색깔은 지금까지의 숫자나 계절 등과는 달리 우리들의 지식에는 분명한 차이가 있다. 그 지식 레벨의 차이가 응답에 영향을 미칠 가능성이 있지만 억지로라도 숫자나 계절 등과 동일한 레벨에서 보기로 한다.

 우선 선두는 지난번(1983년)과 변함없이 「흰색(40%)」이었지만 지지율은 58%에서 40%로 20포인트 가까이 줄었다. 전체적으로 지난번(1983년)에는 상위였던 것은 이번(2007년)에도 상위이지만, 지지율로 비교하면 「연분홍색(벚꽃색)」이 15% → 19%로 증가한 것 외에는 전반적으로 지지율은 줄었다. 반대로 「특별히 없음」과 「무응답」을 합친 비율은 3% → 10%로 증가하여 특정 색깔에 대한 쏠림이 줄어들었음을 알 수 있다(표 I-68).

 표 I-69는 남녀 연령층별로 응답이 많은 순으로 나열한 것이다. 「흰색」은 각층에서 폭넓게 지지를 모으고 있음을 알 수 있다. 특히 여성은 각 연령층에서 흰색을 선두로 꼽고 있다. 순백의 웨딩드레스는 예나 지금이나 변함없는 인기를 모으고 있다. 더욱이 예전에는 「파란색은 남성 색, 빨간색은 여성 색」이라는 풍조가 있었다.

고령층에서는 그러한 취향이 남아있는 것 같지만 신세대층에서는 남녀의 취향에 있어서 청색계·적색계는 이미 관계가 없는 것 같다. 남성 신세대층의 10위가 「핑크색」이지만 고령층의 분들이 이 결과를 어떻게 느낄지 궁금해진다.

표 I-68　좋아하는 색깔 베스트 20

(단위: %)

今回(2007年)			前回(1983年)		
1위	흰색	40	1위	흰색	58
2위	검은색	34	2위	하늘색	35
3위	파란색	27	3위	빨간색	34
4위	초록색	25	4위	검은색	34
5위	물색	24	5위	베이지색	33
6위	빨간색	23	6위	감색	32
7위	핑크색	23	7위	초록색	31
8위	베이지색	20	8위	파란색	30
9위	하늘색	20	9위	물색	28
10위	노란색	20	10위	핑크색	28
11위	감색	19	11위	아이보리색	27
12위	연분홍색	19	12위	보라색	26
13위	주황색·오렌지색	19	13위	노란색	24
14위	갈색	17	14위	갈색	24
15위	보라색	17	14위	크림색	24
16위	아이보리색	16	16위	홍색	24
17위	에메랄드그린색	16	17위	등나무색	23
18위	코발트블루색	16	18위	에메랄드그린색	23
19위	등나무색	14	19위	코발트블루색	21
20위	붉은 핑크색	13	20위	주황색·오렌지색	20

표 I-69 좋아하는 색깔 【남녀 연령층별】

(단위: %)

남성 16~29세		
1위	검은색	46
2위	파란색	40
3위	흰색	37
4위	빨간색	26
5위	초록색	18
6위	주황색·오렌지색	17
7위	물색	16
8위	하늘색	15
9위	은색	13
10위	핑크색	12

여성 16~29세		
1위	흰색	59
2위	검은색	55
3위	핑크색	45
4위	빨간색	36
5위	하늘색	33
6위	주황색·오렌지색	32
7위	연분홍색	31
8위	노란색	30
8위	파란색	30
8위	물색	30

남성 30~59세		
1위	파란색	38
2위	흰색	34
3위	검은색	31
4위	초록색	26
5위	빨간색	20
6위	물색	19
7위	하늘색	17
8위	감색	17
9위	코발트블루색	16
10위	에메랄드그린색	15

여성 30~59세		
1위	흰색	48
2위	검은색	36
3위	핑크색	36
4위	물색	31
5위	연분홍색	28
6위	베이지색	26
6위	아이보리색	26
8위	주황색·오렌지색	25
9위	붉은 핑크색	24
10위	하늘색	24

남성 60세 이상		
1위	초록색	30
2위	흰색	26
3위	파란색	22
4위	감색	22
5위	검은색	18
6위	물색	17
7위	하늘색	16
8위	갈색	15
9위	노란색	14
10위	베이지색	13

여성 60세 이상		
1위	흰색	42
2위	검은색	36
3위	베이지색	33
4위	초록색	31
5위	등나무색	30
6위	핑크색	30
7위	보라색	30
7위	감색	30
9위	빨간색	28
9위	물색	28

그림 I-13 「색깔」의 분포도

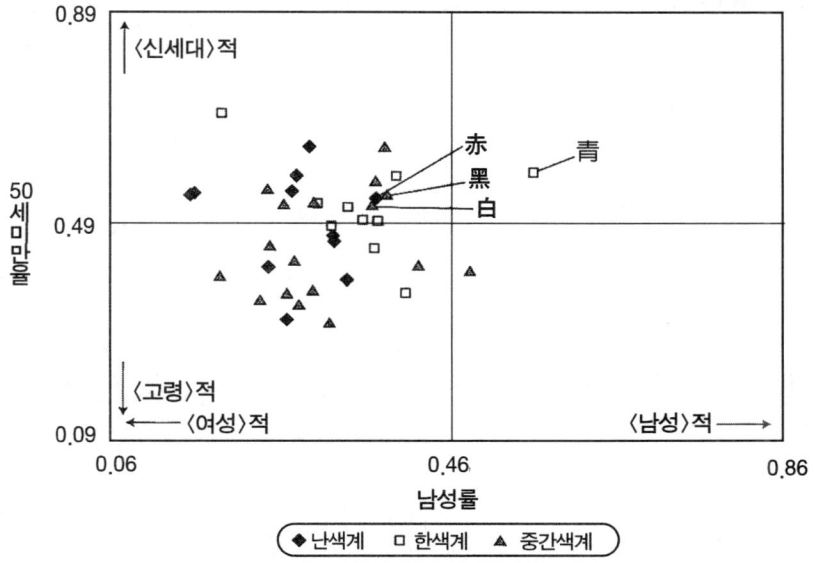

그림 I-13은 모든 색깔에 대해 「남성률」과 「50세 미만율」의 관계를 나타낸 것이다. 38색채를 빨간색으로 대표되는 「난색계」(11색), 청색으로 대표되는 「한색계」(10색), 백색이나 검은색 등 「중간색계」(17색)로 크게 세 가지로 분류하였다(「은색」만 응답수가 100을 밑돌았다. 응답수가 100을 밑돌면 이러한 층별 분석은 적절하지 않지만 응답수가 100미만인 것은 이 색뿐이므로 일부러 분석의 대상에 포함하였다).

우선 「청색」과 「녹색」만이 〈남성〉적 영역에 있고 나머지는 모두 〈여성〉적 영역에 있다. 전체적으로 색깔은 여성이 남성보다도 관심이 많다. 그러한 가운데 연령에 따른 차이를 보면 「난색계」, 「한색계」, 「중간색계」는 전체적으로 분산되어 있다. 상위였던 「흰색」이나 「검은색」, 게다가 「빨간색」은 거의 같은 장소에 밀집해 있고 연령에 의한 차이는 없다.

7. 럭키 세븐, 흰색 선호 ～숫자, 색～ 115

표 I-70 좋아하는 색깔 【남성률과 50세 미만율】

	남성률이 높다	
1위	파란색	0.56
2위	초록색	0.49
3위	쥐색	0.42
4위	감색	0.41
5위	하늘색	0.40
6위	검은색	0.39
7위	은색	0.38
8위	코발트블루색	0.38
9위	빨간색	0.37
10위	금색	0.37

	남성률이 낮다	
1위	붉은 핑크색	0.15
2위	핑크색	0.16
3위	연두색	0.19
4위	페퍼민트그린색	0.19
5위	등나무색	0.23
6위	황록색	0.24
7위	크림색	0.24
8위	아이보리색	0.25
9위	연분홍색	0.26
10위	베이지색	0.27

	50세 미만율이 높다	
1위	페퍼민트그린색	0.70
2위	은색	0.64
3위	라이트오렌지색	0.64
4위	파란색	0.59
5위	하늘색	0.58
6위	주황색·오렌지색	0.58
7위	금색	0.58
8위	황록색	0.56
9위	레몬색	0.55
10위	핑크색	0.55

	50세 미만율이 낮다	
1위	진회색	0.31
2위	홍색	0.31
3위	황색	0.34
4위	등나무색	0.35
5위	베이지색	0.36
6위	감색	0.36
7위	은회색	0.37
8위	갈색	0.39
9위	연두색	0.40
10위	초록색	0.41

　표 I-70에서 「남성률」과 「50세 미만율」이 높은 것과 낮은 것을 정리했다. 핑크계는 「남성률」이 낮고 여성 쪽으로 쏠린 선호도를 보이고 있다. 한편 「50세 미만율」에서 보면 밝은 색은 〈신세대〉적, 차분한 색은 〈고령〉적인 것으로 받아들여진다.

　마지막으로 「난색 지향인가, 한색 지향인가」──. 그림 I-14는 남녀 연령층별 지향의 차이를 나타낸 것이다. 자세한 계산 방법은 생략하지만 세로축의 수치는 플러스 1에서 마이너스 1까지의 값을 나타낸다. 예를 들어 그 층에서 「난색계」의 11색 전체가 전원에게 선택되어 「한색계」의 10색

그림 I-14 난색 지향인가? 한색 지향인가?

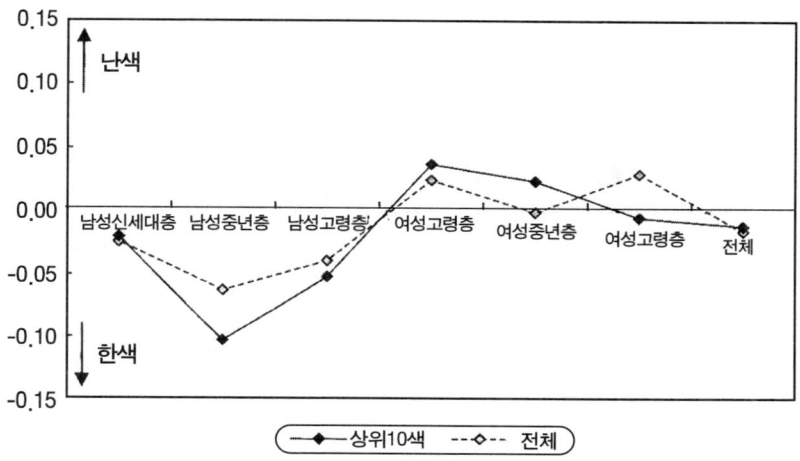

이 어느 것도 전혀 선택되지 않은 경우 플러스 1이 되고, 반대로 「난색계」의 11색 전체가 전혀 선택되지 않아 「한색계」의 10색 모두가 전원에게 선택된 경우 마이너스 1이 된다. 전원이 「난색계」와 「한색계」를 합쳐 21색 전부를 선택한 경우 정확하게 0이 된다. 다시 말하면 플러스 1에 가까울수록 그 층에서 「난색계」의 색이 많이 선택되고 마이너스 1에 가까울수록 「한색계」의 색이 많이 선택된다고 하는 것이다. 실선은 표 I-69에서 나타낸 각각의 층 상위 10색만의 계산치이고 점선은 모든 색에 대해 계산한 것이다.

그림을 보면 남성은 「한색계」의 색을 좋아하고 여성은 「난색계」의 색을 좋아한다는 것을 알 수 있다. 여성 고령층에서 상위 10색에서만은 미묘하게 「한색계」의 색이 많이 선택되고 있지만 전체에서 보면 「난색계」의 색이 많이 선택되고 있다. 한색 지향은 특히 남성 중년층에서 강하고 난색 지향은 여성 신세대층에서 두드러지게 보인다.

전체적인 경향 변화

이 절의 정리를 위해 전체적인 경향을 지난번(1983년)과 이번(2007년)으로 비교해 보자.

그림 I-15 「남성률」, 「50세 미만율」【지난번과 이번의 비교】

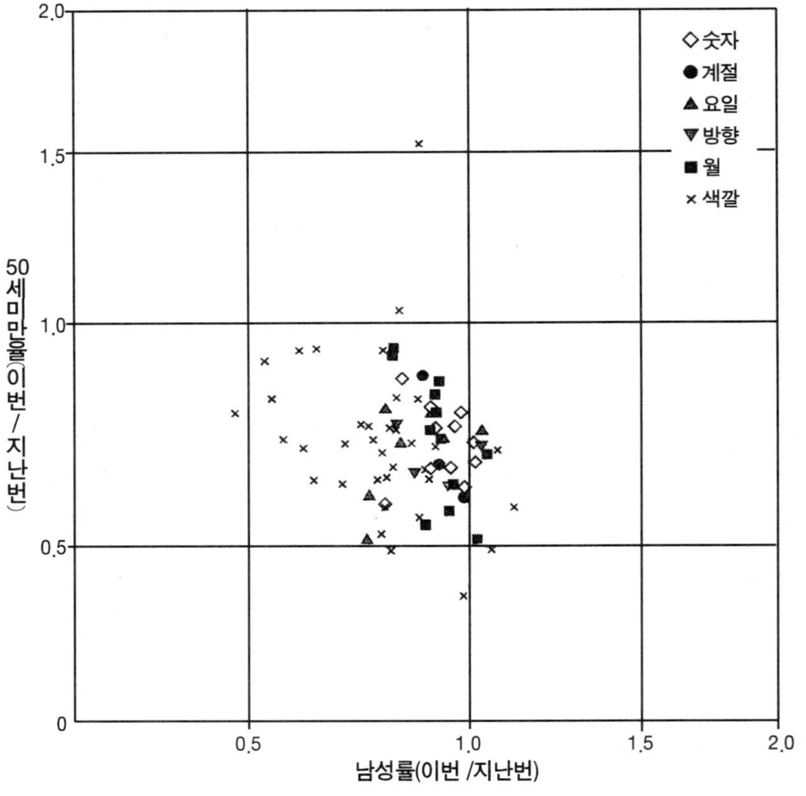

그림 I-15는 숫자, 계절, 요일, 방향, 월, 색깔의 「그 외」와 「특별히 없음」을 제외한 75개의 선택지에 대해 「남성률」과 「50세 미만율」을 지난번

(1983년)과 이번(2007년)으로 비교한 것이다.9) 가로축에는 「남성률」의 이번(2007년) 조사 값을 지난번(1983년) 조사 값으로 나눈 것을, 세로축 에는 「50세 미만율」의 이번(2007년) 값을 지난번(1983년)의 값으로 나눈 것을 각각 취하여 양자의 관계를 나타내고 있다. 다만 눈금은 보기 쉽게 하기 위해 대수 눈금을 채택하였다.

우선 대부분의 선택지는 「남성률」, 「50세 미만율」을 모두 나눈 값이 1 보다 작은 영역에 있다. 이것은 지난번(1983년)과 비교해서 이번(2007년) 에는 「남성률」이나 「50세 미만율」이 감소한 것을 나타내고 있다. 반대로 말하면 지난번(1983년)과 비교해서 이번(2007년)에는 여성 비율이나 50 세 이상의 비율이 증가했다는 것이다.

지금까지 분석한 숫자나 색에 대한 기호嗜好는 대부분의 일본인이 공통 적으로 가지고 있는 가치관이 반영되어 있다고 생각한다. 예를 들면 좋은 이미지로 「럭키 세븐」을 떠 올리는 것, 그렇지 않으면 「8八」을 떠 올리는 것, 「검정」을 장의나 죽음에 관련되는 색으로서 받아들이거나 패셔너블한 것으로 받아들이는 것은 많은 사람이 공유하는 가치관의 변화와 관련이 있다고 생각한다. 이러한 변화를 실마리로 일본인의 가치관의 변화를 생 각해 보는 것도 흥미로운 일이다.

---

9) 세로축 방향에서 위로 튀어나온 것은 「밝은 오렌지색」이다. 지난번(1983년)에 는 「살색」으로 질문했지만 「살색」에 대해 일부에서 차별 표현이라는 의견도 있어 (그림물감 회사 등에서도 색명을 변경하고 있는 점 등을 이유로) 「밝은 오렌지색」으로 선택지를 변경하였다. 물론 일본인이 의식하는 「살색」의 이미 지와 「밝은 오렌지색」의 이미지는 반드시 일치하지 않는다. 때문에 「밝은 오 렌지색」에 대해서는 지난번(1983년)과 이번(2007년)의 비교는 할 수 없다.

「좋아하는 집안일」이란 질문은 우문愚問?

은혼식을 지낸 아내에게 「혹시 좋아하는 집안일이 있느냐?」고 물었더니 「좋아하는 집안일 따위가 있을 리가 없죠. 어쩔 수 없이 하고 있으니까」라는 대답이 돌아왔다. 더욱이 아내는 세제 CM을 예로 들면서 집안일에 대해 한바탕 이야기했다. 「아내의 생일에 매년 세탁기 청소를 해 주는데 올해는 ……」이라는 대사가 마음에 들지 않는다는 것이다. 「도대체 뭐가 "해 주는데"지? 그 세탁기로 매일 남편의 속옷을 빨고 있는데 말이야. 본인은 빨아본 적도 없는 주제에. 생일 선물이 세탁기 청소라니 지금 농담하느냐」는 것이었다. 25년간 화장실 청소 한 번 안 해 본 나로서는 한마디도 변명하지 못했다.

오늘날 **좋아하는 집안일(문항12)**을 물으면 「특별히 없음」이 증가할 것이라고 생각하고 있었는데 지난번(1983년)에는 22%, 그리고 이번(2007년)에는 23%였다. 이 질문은 비교를 할 수 있도록 선택지를 바꾸지 않았다. 좋아하는 집안일의 순위도 큰 변화는 없었다. 그러나 좀 더 살펴보니 변화가 있었다. 「특별히 없음」의 비율을 남녀별로 보면 지난번(1983년)에는 남성이 38%, 여성이 8%로 그 차가 30포인트였다. 이번(2007년)에는 남성이 36%, 여성이 11%로 25포인트의 차이를 보인다. 아직 차이는 크지만 지난번(1983년)과 비교하면 그 차이가 축소되고 있음을 알 수 있다.

하루 일과를 시간량으로 파악해 보면 「NHK국민생활시간조사」의 결과에서는 남성의 가사 시간이 소리 없이 증가하고 있는 추세이다. 물론 여성의 가사 시간과는 큰 차이가 있고 가사의 중심이 여성이라는 것은 틀림이 없지만 실상은 가사를 하는 남성이 증가하고 있다. 그리고 이번(2007년) 조사에서 좋아하는 가사에 대한 의식 차도 조금씩 줄고 있음을 알 수 있다.

세제 CM의 대사는 집안일을 가끔밖에 하지 않는 남편이 세탁기 대청소라는 특별한 것을 한다고 하는 상황이 전제가 되어 있다. 「식사 준비」를 좋아한다고 대답한 남성 중에서 매일 반드시 하고 있는 사람이 어느 정도일까. 휴일에 가끔 저녁을 만드는 것이 취미라고 하는 사람 쪽이 많은 것은 아닐까.

아내의 생일에 세탁기를 청소한 남편은 아내로부터 감사의 표현을 기대한다. 그것이 만약 생일 선물이 된다면 반드시 「고마워요」라는 말이 되돌아 올 것이다. **좋아하는 말(문항38)**의 1위인 「고마워요」도 못 듣는다면 남편은 세탁기 청소가 아닌 다른 생일 선물을 생각하는 편이 좋을지도 모르겠다.

8 「고마워」와 「마음」을 담아 ~말, 한자~

매년 연말에 대기업 생명보험 회사에서 그 해 가장 많이 지은 「아기 이름 순위」을 발표한다. 2006년도생 아이 중에서 가장 많았던 이름으로 남자아이는 「리쿠陸」, 여자아이는 「하루나·히나陽菜」였다. 「리쿠陸」에는 느긋하고 의젓하게, 대범하게 자라주길 바라는 마음이, 「하루나·히나陽菜」에는 밝고 따뜻한 사람이 되어 주길 바라는 마음을 느낄 수 있다. 최근 작명에서는 의미나 읽는 법보다는 이미지나 음감이 좋은(듣기 좋은) 한자가 우선적으로 선택되고 있는 것 같다. 또 1960년대부터 시작한 여자 아이 이름의 「코子 사용 않기」도 완전히 정착하여 베스트 100 중에 「코子」가 붙은 이름은 2개밖에 없었다. 아이들 이름에 거는 부모의 마음은 가지각색으로 시대에 따라 작명법도 변화하고 있다. 이 절에서는 말과 한자에 관해 일본인이 좋아하는 것을 보기로 하자.

「고마워」가 당당히 1위

좋아하는 말(문항38)은 「고마워(67%)」를 좋아한다고 대답한 비율(=지지율)이 2위보다 20포인트 이상의 차이를 내며 지난번(1983년)에 이어 당당하게 1위에 올랐다(표 I-71). 2위 이하는 근소한 차이로 「배려(44%)」, 「건강(41%)」, 「평화(37%)」, 「상냥(37%)」 등이 뒤를 이었다.

말에 관한 관심은 아무래도 남성보다는 여성 쪽이 높은 것 같다. 「특별히 없음」을 보면 남성이 10%, 여성이 4%로 남성이 여성의 2배 이상이었다. 남녀 연령층별 순위를 보기로 하자(표 I-72). 「고마워」는 남성 신세대층을 제외한 모든 층에서 1위이고 2위 이하와는 큰 차이를 보인다. 남성 신세대층은 「자유」가 「고마워」를 4포인트 이상 웃돌았지만 거의 차이는 없다. 남성 중년층은 「자유」, 「건강」, 「배려」가 뒤를 잇고 남성 고령층에서는 「건강」, 「배려」, 「정직」이 뒤를 잇는다. 중년부터 고령에 걸쳐 「건강」이 신경 쓰이는 모습을 엿볼 수 있는 변화양상이다.

이와 같이 좋아하는 말은 각각의 연령층이 어떠한 말에 흥미를 가지고 있는지를 나타내 보여 준다. 특정 연령에서만 출현한 말을 남성부터 찾아보면 신세대층에서 「꿈」, 「자연」, 「도전」 등이, 중년층은 「성실」, 고령층은 「책임」으로 나타났다. 좋아하는 말에 「책임」이 올라온 것은 책임감을 가지고 사회생활을 완수한 것인지 아니면 무책임한 풍조에 대한 불만을 지니고 있는지 등 여러 가지를 상상해 볼 수 있다.

표 I-71 좋아하는 말 베스트 20

(단위: %)

	今回(2007年)			前回(1983年)	
1위	고마워	67	1위	고마워	64
2위	배려	44	2위	건강	48
3위	건강	41	3위	배려	47
4위	평화	37	4위	노력	46
5위	상냥함	37	5위	예(대답)	45
6위	정직	35	6위	성의	42
7위	행복	34	7위	정직	40
8위	기운(건강)	33	8위	솔직	39
9위	밝다	33	9위	친절	39
10위	솔직	32	9위	평화	39
11위	자유	32	11위	근성	39
12위	친절	32	12위	우정	38
13위	사랑	32	13위	행복	38
14위	성실	32	14위	밝다	38
15위	성의	31	15위	사랑	37
15위	노력	31	16위	미안합니다	37
15위	신뢰	31	17위	책임	37
18위	오하요(아침인사)	30	18위	오하요(아침인사)	36
19위	자연	30	19위	용기	35
20위	꿈	30	19위	성실	35
			19위	인내	35

표 I-72 좋아하는 말 【남녀 연령층별】

(단위: %)

	남성 16~29세			여성 16~29세	
1위	자유	45	1위	고마워	67
2위	고마워	41	2위	배려	45
3위	한가로이	27	3위	행복	43
4위	꿈	26	4위	자유	41
5위	평화	25	4위	평화	41
6위	기운(건강)	25	6위	한가로이	38
7위	우정	24	7위	밝다	37
8위	건강	24	8위	상냥함	36
9위	자연	23	8위	사랑	36
10위	도전	23	10위	우정	36
10위	노력	23			
10위	용기	23			
10위	마음 편함	23			

	남성 30~59세			여성 30~59세	
1위	고마워	54	1위	고마워	78
2위	자유	34	2위	배려	51
3위	건강	33	3위	상냥함	42
4위	배려	32	4위	건강	41
5위	성의	29	5위	평화	39
6위	평화	29	6위	행복	38
7위	성실	28	7위	솔직	36
8위	정직	27	8위	사랑	36
9위	상냥함	27	9위	밝다	35
10위	노력	26	10위	정직	35

	남성 60세 이상			여성 60세 이상	
1위	고마워	62	1위	고마워	80
2위	건강	45	2위	배려	62
3위	배려	43	3위	건강	59
4위	정직	42	4위	상냥함	53
5위	노력	40	5위	친절	52
6위	성의	40	6위	정직	51
7위	친절	39	7위	밝다	50
8위	평화	39	8위	평화	49
9위	기운(건강)	37	9위	기운(건강)	49
10위	책임	36	10위	오하요(아침인사)	48

한편 여성은 「고마워」, 「배려」 등 상위 2개의 말은 연령 구별 없이 동일하다. 3위 이하는 차이가 보여 신세대층은 「행복」, 「자유」, 중고령층은 서열에 차이는 있지만 「상냥」, 「건강」이 거명되었다.

다음으로 남녀를 불문하고 특징 있는 말을 찾으면 신세대층의 「한가로이」, 「우정」, 중년층의 「상냥」, 고령층의 「친절」이 각각 부상되었다.

여기에서 좋아하는 말의 상위에 「오하요(아침인사)」가 들어있는 것은 여성 고령층에 한정된다는 사실에 주목했다. 「예」나 「고마워」, 그리고 「실례합니다」는 일상생활을 윤택하게 하기 위한 필수어휘라고 할 수 있다. 가정에서든 사회에서든 기분 좋게 모두가 함께 지내기 위한 중요한 말이라고 생각한다. 좋아하는 말에 「고마워」 이외의 인사말이 거명되지 않는다는 것은 그러한 말들이 너무나도 일상적으로 사용되고 있기 때문일 것이다. 「오하요(아침인사)」가 여성 고령층의 상위를 차지하는 것은 자신들이 비교적 자주 사용하고 있다는 측면과 함께 자식들이나 손자들에게 보다 더 사용해 주길 바라는 마음이 있는 것으로 생각한다. 「오하요(아침인사)」를 좋아하는 말로 꼽고 있는 사람은 지금의 사회가 왠지 모르게 삭막하다고 느끼고 있기 때문이 아닐까.

치유治癒계 말의 위치

그러면 각각의 선택지에 대해 「남성률」과 「50세 미만율」의 분포가 어떠한지 그림 I-16에서 보기로 하자. 전체적으로 〈여성・고령〉적으로 분포를 하고 있다. 예를 들면 1위인 「고마워」에 비해 2위인 「배려」는 아주 조금 〈여성・고령〉적이라고 할 수 있다.

이번(2007년)에는 최근의 「치유붐」을 반영한 선택지를 채택했다. 「한가로이(24%)」, 「여유(22%)」, 「치유(20%)」 등은 일정한 지지를 모았지만 상위에는 들어가 있지 않다. 그러나 이 「남성률」을 「50세 미만율」로 나누면 이들 「치유」계의 말이 상위에 자리하고 있다.

그림 I-16 「말」의 분포도

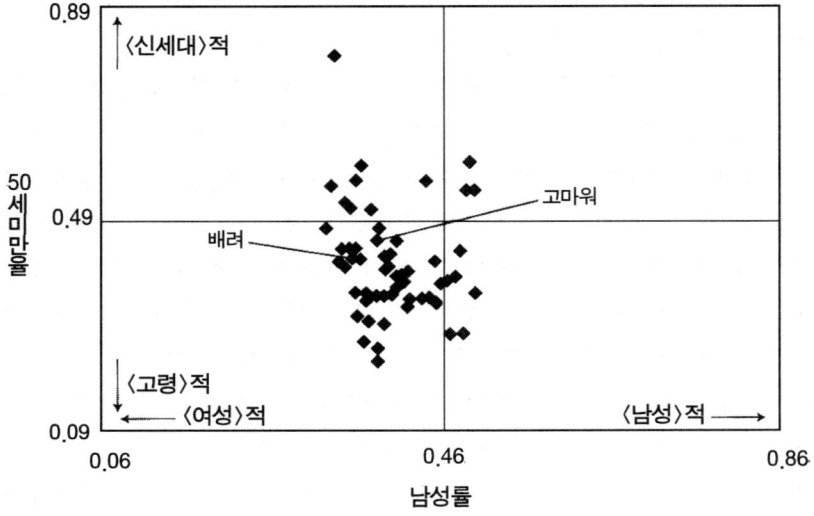

표 I-73을 보기로 하자. 가장 「남성률」이 높았던 것은 「신념」, 낮았던 것은 「느긋하게」, 「50세 미만율」이 가장 높았던 것은 「넉넉히」, 가장 낮았던 것이 「예」였다. 이와 같이 치유계의 말은 「치유」, 「홀가분」, 「한가로이」 등 〈여성·신세대〉적이라고 할 수 있을 것이다. 「치유붐」이 글자 그대로 붐으로 끝나 버리면 치유계의 말이 국민 전체가 좋아하는 말의 상위에 자리하지 않는다는 것이 된다. 그러나 치유계의 말을 생활신조로서 몸에 익힌 신세대가 중고령이 되어도 그 신조를 지속한다고 한다면 치유계의 말은 언젠가는 상위 자리에 오르게 될 것이다.

표 I-73 좋아하는 말 【남성률과 50세 미만율】

(단위: %)

남성률이 높다		
1위	신념	50
2위	도전	50
3위	모험	49
4위	자유	49
5위	예절	48
6위	정열	48
7위	근성	47
8위	인내	47
9위	성의	46
10위	노력	46

남성률이 낮다		
1위	느긋하게	32
2위	치유	33
3위	넉넉히	33
4위	아름답다	34
5위	행복	34
6위	밝다	34
7위	홀가분	34
8위	상냥함	35
9위	한가로이	35
10위	배려	35

50세 미만율이 높다		
1위	넉넉히	80
2위	모험	60
3위	오프	60
4위	리세트	57
5위	마음 편함	57
6위	치유	56
7위	도전	55
8위	자유	55
9위	홀가분	53
10위	한가로이	52

50세 미만율이 낮다		
1위	예(대답)	23
2위	미안합니다	25
3위	평온	26
4위	인내	28
5위	예절	28
6위	평범	30
7위	노력하겠습니다	30
8위	단호히	31
9위	절도	33
10위	책임	34

여성은 「애愛」, 남성은 「심心」

좋아하는 한자(문항54)는 이번(2007년)에 신설한 질문이다. 좋아하는 한자를 한 글자만 기입하게 한 경우 조사 대상에서 제외된 숙어나 아라비아 숫자 등을 빼고 338개의 한자를 확인할 수 있었다. 「무응답」은 19%이고 거의 80%의 사람이 어떠한 한자라도 기입한 것이 된다. 가장 많았던 것은 「심心」, 다음으로 「애愛」, 「화和」 등 이 세 문자는 모두 100명 이상의 응답이 있었다. 다음으로 많았던 것은 「성誠」, 「락樂」, 「애愛」, 「진真」의 네 개

문자이고 기입한 사람이 50명이상 있었던 그룹이다. 상위 10개 글자 중에서는 「심心」, 「애愛」, 「미美」, 「우優」는 여성 쪽의 지지율은 높고 「성誠」은 남성쪽이 높았다(표 I-74).

남녀 연령별로 좋아하는 한자의 상위를 보면 여성 신세대·중년층만 「애愛」, 그 이외는 「심心」이 가장 많이 쓰여졌다(표 I-75). 「락楽」은 신세대·중년층에서는 상위에 있지

표 I-74 좋아하는 한자 베스트 10
(단위: %)

1위	심(心)	10
2위	애(愛)	9
3위	화(和)	6
4위	성(誠)	3
5위	락(楽)	3
6위	몽(夢)	2
7위	진(真)	2
8위	미(美)	2
9위	행(幸)	2
10위	우(優)	2

만 고령층에는 들어가 있지 않다. 남녀 연령별 특징을 나타내는 한자를 살펴보면 남성 신세대층은 「지志」, 여성 신세대층은 「소笑」, 남성 중년층은 「진真」, 고령층은 「행幸」이고 연령별 관심이나 생활신조가 반영되어 있는 것 같다.

표 I-75 좋아하는 한자 【남녀 연령층별】
(단위: %)

남성 16~29세		
1위	심(心)	6
2위	애(愛)	5
3위	락(楽)	4
4위	우(優)	4
5위	몽(夢)	3
5위	성(誠)	3
5위	지(志)	3

여성 16~29세		
1위	애(愛)	9
2위	심(心)	6
3위	락(楽)	5
4위	화(和)	4
5위	소(笑)	4

남성 30~59세		
1위	심(心)	8
2위	애(愛)	7
3위	화(和)	6
4위	락(楽)	3
5위	진(真)	2
5위	성(誠)	2

여성 16~29세		
1위	애(愛)	13
2위	심(心)	12
3위	화(和)	6
4위	미(美)	4
5위	우(優)	3
5위	락(楽)	3

남성 60세 이상		
1위	심(心)	9
2위	성(誠)	8
3위	화(和)	6
4위	애(愛)	4
5위	행(幸)	3

여성 60세 이상		
1위	심(心)	13
2위	애(愛)	10
3위	화(和)	8
4위	행(幸)	3
5위	성(誠)	3

말과 생활 신조

좋아하는 말과 좋아하는 한자는 어떤 관계가 있는 것일까. 둘의 관계를 정리해 보았다.

우선 표 I-76에서는 좋아하는 말을 기점으로 그 선택지를 고른 사람이 어떤 한자(상위권만)를 선택했는지를 알 수 있다. 상위 1, 2위의 「고마워」, 「배려」에서 10위인 「솔직」까지 베스트 10에 들어간 한자의 종류가 거의 똑같고 특히 「애愛」와 「심心」이 좋아하는 한자 상위 1, 2위를 차지했다. 이 둘은 폭넓게 선호되고 있는 한자라는 것을 알 수 있다.

표 I-76 좋아하는 말 → 좋아하는 한자

(단위: %)

「고마워」(1,600명)			「배려」(1,060명)			「솔직」(775명)		
1위	애	11	1위	애	12	1위	심	12
2위	심	11	1위	심	12	2위	애	10
3위	화	7	3위	화	7	3위	화	7
4위	성	3	4위	성	3	4위	성	4
5위	진	3	5위	진	3	5위	진	3
6위	행	3	6위	몽	3	6위	락	3
7위	락	2	7위	락	2	7위	행	3
8위	몽	2	8위	행	2	8위	우	2
9위	미	2	9위	미	2	9위	몽	2
10위	우	2	10위	우	2	10위	미	2

표 I-77 좋아하는 한자 → 좋아하는 말

(단위: %)

「심(心)」(228명)			「애(愛)」(210명)			「성(誠)」(74명)		
1위	고마워	75	1위	고마워	85	1위	고마워	61
2위	배려	54	2위	배려	59	2위	성실	54
3위	건강	53	3위	사랑	59	3위	성의	53
4위	마음	51	4위	행복	52	4위	정직	46
5위	정직	47	5위	상냥함	51	5위	배려	43
6위	상냥함	46	6위	건강	48	6위	책임	42
7위	평화	44	7위	평화	46	7위	신뢰	42
8위	밝다	42	8위	정직	43	8위	상냥함	41
8위	솔직	42	9위	밝다	41	8위	친절	41
10위	기운(건강)	41	10위	우정	40	8위	평화	41
			10위	기운(건강)	40			

반대로 좋아하는 한자에서 본 좋아하는 말의 상위 1, 2위를 차지한 「심心」, 「애愛」와 베스트 10에서 유일하게 남성 지지율이 여성보다 높았던 「성誠」을 골라 비교하였다(표 I-77). 좋아하는 한자에 「심心」을 쓴 사람들은 「고마워」, 「배려」, 「건강」순으로 전체 말의 순위와 비슷한 경향을 나타냈다. 「애愛」의 경우는 「애愛」, 「상냥」으로 여성 중년층에 인기가 있는 말이 뒤를 이었다. 한편 「성誠」은 남성 고령층에서 높았던 「정직」이 상위에 자리매김 되었다. 좋아하는 말과 좋아하는 한자와의 관계를 보면 응답자가 각각의 생활 신조와 관련이 있는 말과 한자를 좋아하는 것으로 내세우고 있는 경향을 엿볼 수 있다.

일·본·인·이·좋·아·하·는·것

제 2 장

데이터로 이해하는 「일본인의 모습」

1 화조풍월花鳥風月보다 음식

 이 장에서는 이번(2007년) 조사 전체를 통해 드러난 경향을 보기로 하자.
 이번(2007년) 조사에서는 「일본인이 좋아하는 것」으로 54문항을 질문했다. 이 중 9문항은 「자유응답방식(선택지를 제시하지 않고 자유롭게 응답을 기입하는 방식)」이고 나머지 45문항은 「선택지 방식(조사표에서 구체적인 선택지를 몇 개 제시하여 그 중에서 선택하는 방식)」이다. 선택지 방식의 질문에서는 하나만을 선택하는 것이 아니라 몇 개라도 좋아하는 만큼 선택하는 「복수 응답」으로 질문했다. 여기에서는 선택지 방식의 45문항에 대해 응답 경향의 차이를 보기로 한다.

 각 질문에서 「특별히 없음」을 선택하거나 선택지를 전혀 고르지 않은 「무응답」을 선택한 사람은 해당 질문에서는 아무도 구체적인 선택지를 고르지 않은 것이 된다. 즉 해당 질문 테마에서 「구체적으로 좋아하는 것은 없다」라는 것이 된다. 물론 **계절**이나 **방향** 등 일부 질문 외에는 선택지에서 질문 전체를 망라할 수는 없다. 예를 들면 **요리** 전체를 망라하려고 하면 선택지의 수는 몇 백, 몇 천이 되어 버린다. 이 때문에 이러한 질문은 대표적인 것만을 선택지에 나타낸 뒤 「특별히 없음」 앞에 「그 외」라는 선택지를 마련했다. 또한 「특별히 없음」을 선택한 경우 다른 선택지는 고를 수 없도록 했다.
 「특별히 없음」과 「무응답」 이외의 사람은 「그 외」를 포함하여 어떤 구체적인 선택지를 고른 것이 된다. 즉 해당 질문 테마에서 「구체적으로 좋아하는 것이 있는」 사람이라는 것이다. 분석상 각 질문에서 「특별히 없음」

과 「무응답」 이외의 사람을 **「구체적 응답자」**라고 이름 붙였다.

그런데 여론 조사에서 자주 듣는 말로 유효 응답자가 있다. 이것은 「특별히 없음」이나 「무응답」을 포함하여 분석상 유효한 응답을 한 사람이라는 의미이다. 이번(2007년) 조사에서 보면 대상을 20세 이상으로 한정한 **좋아하는 주류(문항4)**는 2,281명, 이 질문 이외는 모두 2,394명이다. 단순한 계산이지만 유효 응답자 수에서 「특별히 없음」과 「무응답」의 사람 수를 빼면 해당 질문의 「구체적 응답자」의 사람 수가 된다.

여기에서는 각 질문에서 유효 응답자 전체를 차지하는 「구체적 응답자」의 비율을 **「응답자율」**이라고 이름 붙였다. 이 「응답자율」은 0에서 1까지의 값을 취하고 값이 크면 클수록 그 질문은 「구체적인 선택지를 적어도 하나는 고른 응답자의 수가 많다」는 것이 된다. 즉 「응답자율」이 높을수록 그 질문 테마에 대해 「무언가 좋아하는 것이 있는 사람이 많다」라는 것이 된다. 이 사실에서 「응답자율」이 높을수록 「좋아하는 사람이 많다」, 반대로 낮을수록 「좋아하는 사람이 적은」 질문으로 볼 수 있다.

다음으로 각 질문에 대해서 「구체적 응답자」 한 사람당 평균 몇 개의 선택지를 골랐는지를 생각해 보자. 다만 질문별로 선택지의 수는 다르기 때문에 「특별히 없음」 이외의 선택지 수(=구체적인 선택지의 수)로 나눈다. 이 나눗셈의 의미는 선택지의 수에 좌우되지 않도록 질문 간에 레벨 조정을 한다고 생각해 주길 바란다. 또한 「무응답」이라는 선택지는 존재하지 않는다는 점에 주의해 주길 바란다. 「무응답」은 아무것도 선택지를 고르지 않았다는 「결과」이다. 각 질문의 선택지는 「특별히 없음」과 「특별히 없음」 이외의 구체적인 선택지로 이분된다.

「구체적 응답자」 한 사람이 고른 선택지의 평균 개수를 그 질문의 구체적인 선택지의 수로 나눈 값, 이것을 **「응답률」**이라고 이름 붙였다. 구체적인 계산은 「구체적 응답자」가 고른 선택지의 총수를 「구체적 응답자」의 사람 수로 나누고 나아가 「특별히 없음」 이외의 선택지 수로 나눈다. 두 단계의 나눗셈이다. 이 「응답률」도 0에서 1까지의 수를 취하고 값이 크면 클수록 그 질문은 「구체적 응답자」 한 사람이 고른 선택지의 수가 많은 것이 된다. 즉 「응답률」이 높을수록 「좋아하는 것이 많은」 질문으로, 반대로 낮을수록 「좋아하는 것이 적은」 질문으로 간주할 수 있다.

구체적으로 계산해보자.

예를 들면 「특별히 없음」 이외의 선택지 수가 20개(즉 선택지의 총수는 21개) 있는 질문에서 유효 응답자가 2,500명, 「특별히 없음」을 고른 사람이 400명, 아무 선택지도 고르지 않은 「무응답」이 100명이었다고 하자. 그러면 「구체적 응답자」의 수는 유효 응답자 2,500명에서 400과 100을 빼서 딱 2,000명이 된다. 「응답자율」은 2,000을 2,500으로 나누어 0.8이 된다.

그런데 이 2,000명의 「구체적 응답자」가 고른 선택지의 총수가 20,000이 되었다고 하자. 물론 「구체적 응답자」도 각양각색으로 선택지를 하나 밖에 고르지 않은 사람이 있는가 하면 「특별히 없음」 이외의 20개 모두를 고른 사람도 있을 것이다. 각자가 고른 선택지의 수에 2,000명분을 모두 더하여 합치면 20,000이 된다는 의미이다.

그러면 「구체적 응답자」 한 사람당 평균 20개의 선택지를 골랐다는 것은 쉽게 계산할 수 있다. 20,000을 2,000으로 나누어 10이 되는 것이다. 이것을 「특별히 없음」 이외의 선택지 수, 즉 20으로 나누면 「응답률」이 0.5가 된다. 정리하면 이 질문에서는 「응답자율」이 0.8, 「응답률」은 0.5가 되었다.

이러한 계산을 45개 모든 질문에서 행한 결과가 다음의 표 II-1이다.

표 II-1 「응답자율」과 「응답률」

질문 번호	질문테마	장르	응답자율	응답률
문1	요리	생활	0.99	0.44
문2	조미료·향신료	생활	0.98	0.36
문3	음료	생활	0.99	0.25
문4	주류	생활	0.77	0.18
문5	야채	생활	0.99	0.42
문6	과일	생활	0.98	0.37
문7	과자·디저트	생활	0.97	0.35
문8	주거형태	생활	0.95	0.17
문9	의류패션	생활	0.90	0.17
문10	장식품·소품	생활	0.86	0.19
문11	보석·천연석	생활	0.66	0.16
문12	가사	생활	0.76	0.19
문13	초등학교 학과목	생활	0.81	0.25
문14	중학교 학과목	생활	0.80	0.22
문15	여가 때 하는 것	여가	0.98	0.19
문16	보는 스포츠	여가	0.90	0.11
문17	하는 스포츠	여가	0.83	0.08
문18	일본 프로야구팀	여가	0.61	0.13
문19	일본 프로축구팀	여가	0.31	0.08
문21	여행 장르	여가	0.93	0.16
문22	신문기사란	매스컴·문화	0.90	0.17
문23	TV프로그램 장르	매스컴·문화	0.97	0.31
문25	나라·지역	지리·역사	0.71	0.12
문26	도도부현(행정구역)	지리·역사	0.90	0.12
문27	산(산계)	지리·역사	0.73	0.10
문28	강	지리·역사	0.58	0.11
문29	동물	자연·감각	0.86	0.11
문30	꽃	자연·감각	0.90	0.24
문31	나무	자연·감각	0.83	0.19
문32	새	자연·감각	0.75	0.16
문33	음악 장르	매스컴·문화	0.90	0.11
문37	악기	매스컴·문화	0.77	0.11
문38	말	자연·감각	0.93	0.25
문39	일본 역사상 시대	지리·역사	0.67	0.15
문41	일본 수상	지리·역사	0.58	0.06
문42	연령	자연·감각	0.85	0.24
문43	건강법	여가	0.94	0.17
문44	문화·오락시설	여가	0.89	0.20
문47	계절	자연·감각	0.94	0.45
문48	월	자연·감각	0.90	0.27
문49	요일	자연·감각	0.78	0.27
문50	시간대	자연·감각	0.76	0.21
문51	색깔	자연·감각	0.90	0.16
문52	숫자	자연·감각	0.76	0.22
문53	방향	자연·감각	0.60	0.35

그런데 표 II-1에서는 응답 경향의 전체 모습은 보이지 않는다. 이 표를 알기 쉬운 그림으로 나타내 보자.

그림 II-1은 「응답자율」을 가로축으로, 「응답률」을 세로축으로 하여 각 질문에 각각의 값을 표시한 것이다. 즉 각 질문의 「응답자율」과 「응답률」의 관계를 나타내고 있다. 여기에서 각 질문을 표 II-1에서 나타낸 「생활(14문항)」, 「여가(8문항)」, 「매스컴・문화(4문항)」, 「지리・역사(6문항)」, 「자연・감각(13문항)」의 5개의 장르로 분류했다.

이 그림을 보기로 하자.

우선 **일본의 프로축구팀** 이외에는 「응답자율」은 0.5에서 1의 범위에 「응답률」은 0에서 0.5의 범위에 들어가 있음을 알 수 있다. 분포는 일정한 범위에 치우쳐 있는 것 같다.

그림 II-1 「응답자율」, 「응답률」 분포도

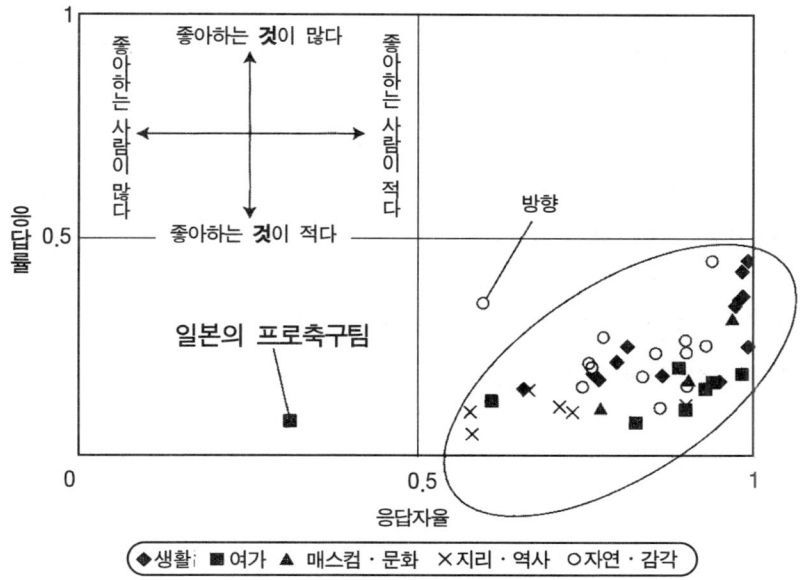

1. 화조풍월花鳥風月보다 음식 **137**

그런데 통계상에서는 둘의 변수 간의 관계성을 나타내는 지표로서 「상관계수」라는 것을 자주 사용한다. 상세한 계산은 생략하겠지만 「응답자율」과 「응답률」의 「상관계수」를 계산하였더니 0.5가 되었다. 그림상의 타원으로 묶은 범위에서 벗어나 있는 **일본 프로축구팀**과 **방향**을 제외하면 0.59이다. 이 수치가 통계적으로 의미가 있는지를 조사해 보았더니 「의미가 있다」는 것이 확인되었다. 즉 「응답자율」이 높아질수록 「응답률」도 높아진다는 관계이다. 다시 말하면 「대답하는 사람이 많을수록 대답하는 것도 많아진다」는 관계가 통계적으로 확인되었다.

다음으로 표 II-1의 「응답자율」과 「응답률」을 고저 순으로 바꾸어 정렬한 것이 표 II-2이다.

「응답자율」이 높다, 즉 좋아하는 사람이 많은 질문은 **음료**나 **요리, 야채** 등 「음식」에 관한 것이 연달아 나열되어 있다. 그림 II-1에서 말하면 오른쪽으로 모여 있는 것이다.

예를 들면 **음료**는 유효 응답자 2,394명중에서 「특별히 없음」과 「무응답」은 합쳐서 19명밖에 없었다. 선택지의 수가 많은 질문일수록 대답하기 쉬운 경우도 있겠지만 「음식」에 대한 관심이 높음을 엿볼 수 있는 결과이다.

반대로 좋아하는 사람이 적은 질문(그림 II-1에서 왼쪽에 있는 질문)은, **강, 산(산계), 방향, 새** 등의 지리·역사나 자연·감각에 관한 것이 비교적 많다. 「화조풍월花鳥風月보다 음식」이라는 경향이 부상한다. 또한 눈에 띄게 「응답자율」이 낮은 **일본의 프로축구팀**은 「특별히 없음」과 「무응답」을 합쳐 1,648명이나 있었다. **음료**의 거의 87배이다.

한편 좋아하는 것이 많은 질문(그림 II-1에서 위에 있는 질문)은 「음식」에 관한 것들이다. **계절, 방향, 요일** 등 감각적인 것도 상위권에 있지만 선택지 개수가 적은 것이 영향을 미치고 있을 가능성도 있다.

「응답률」이 가장 높았던 **계절**은 구체적인 선택지의 총수를 하나로 한 경우 「구체적 응답자」 한 사람당 0.45의 선택지를 선택하고 있다는 결론

표 II-2 「응답자율」, 「응답률」 베스트 10

	「응답자율」 높다	
1위	음료	0.99
2위	요리	0.99
3위	야채	0.99
4위	여가 때 하는 것	0.98
5위	과일	0.98
6위	조미료·향신료	0.98
7위	과자·디저트	0.97
8위	TV프로그램 장르	0.97
9위	주거형태	0.95
10위	건강법	0.94

	「응답자율」 낮다	
1위	일본 프로축구팀	0.31
2위	강	0.58
3위	일본 수상	0.58
4위	방향	0.60
5위	일본 프로야구팀	0.61
6위	보석·천연석	0.66
7위	일본 역사상 시대	0.67
8위	나라·지역	0.71
9위	산(산계)	0.73
10위	새	0.75

	「응답률」 높다	
1위	계절	0.45
2위	요리	0.44
3위	야채	0.42
4위	과일	0.37
5위	조미료·향신료	0.36
6위	방향	0.35
7위	과자·디저트	0.35
8위	TV프로그램 장르	0.31
9위	요일	0.27
10위	월	0.27

	「응답률」 낮다	
1위	일본 수상	0.06
2위	하는 스포츠	0.08
3위	일본 프로축구팀	0.08
4위	산(산계)	0.10
5위	강	0.11
6위	보는 스포츠	0.11
7위	음악 장르	0.11
8위	악기	0.11
9위	동물	0.11
10위	나라·지역	0.12

이다. **계절**의 구체적인 선택지는 「봄」, 「여름」, 「가을」, 「겨울」의 네 개이므로 0.45에 4를 곱해 1.8로 계산해서 「구체적 응답자」는 「봄」, 「여름」, 「가을」, 「겨울」 중 한 사람당 평균 거의 2개를 골랐다고도 할 수 있다(정확히 계산하면 거의 1.78이 된다).

반대로 좋아하는 것이 적은 질문(그림 II-1에서 아래쪽에 있는 질문)은 **일본 수상, 산(산계)** 등 지리·역사에 관한 것이 비교적 많다. 일본의 수상에 대해서는 「구체적 응답자」 한 사람당 0.06밖에 선택지를 고르지 않은 것이다. **계절**의 약 8분의 1이다.

2 좋아하는 것의 '정점'은 요리, 음료

    다음으로 각 질문의 응답 경향을 남녀차가 있는지, 또 각층에 의한 차이가 있는지 없는지 보기로 하자.

    이번(2007년) 조사에서는 좋아하는 주류酒類를 뺀 각 질문의 유효 응답자는 남성이 1,109명이고 여성이 1,285명으로 남녀 비율은 거의 46대 45였다. 마찬가지로 50세 미만율은 1,164명이고 50세 이상은 1,230명으로 50세 미만과 50세 이상의 구성비는 거의 49대 51이었다. 더불어 좋아하는 주류는 유효 응답자 전체에서 20세 미만의 응답자가 빠지기 때문에 구성비가 변하여 남녀 비율이 거의 47대 53이다. 50세 미만과 50세 이상의 구성비는 거의 46대 54가 되었다. 어쨌든지 유효 응답자 전체를 2개로 나누려고 할 때 「남성인지 여성인지」, 「50세 미만인지 50세 이상인지」를 기준으로 하는 것은 무리가 없다.

    여기에서 남성의 「응답자율」을 여성의 「응답자율」로 나눈 것은 해당 질문에서 좋아하는 사람의 「남녀차」를 나타내는 지표가 된다. 즉 이 값이 1보다 크면 클수록 해당 질문은 남성의 「구체적 응답자」가 많은 (=〈남성〉적) 것을 나타내고, 반대로 1보다 작으면 작을수록 여성의 「구체적 응답자」가 많은(=〈여성〉적) 것을 나타내고 있다. 또 1에 가까울수록 남녀차는 작다고 생각해도 좋을 것이다. 또한 남성의 「응답자율」이 돌연 나왔지만 제1절에서 정의한 전체의 「응답자율」에 따라 남성의 「구체적 응답자」 수를 남성 유효 응답자 수로 나눈 것으로 생각하면 된다. 이하 동일하게 생각해 주길 바란다.

    마찬가지로 50세 미만의 「응답자율」을 50세 이상의 「응답자율」로 나눈 것은 그 질문에서 좋아하는 사람의 「연령차」를 나타내는 지표가 된다. 즉

이 값이 1보다 크면 클수록 그 질문은 50세 미만의 「구체적 응답자」가 많은(=〈신세대〉적)것을 나타내고 반대로 1보다 작으면 작을수록 50세 이상의 「구체적 응답자」가 많은(=〈고령〉적)것을 나타낸다. 또 1에 가까울수록 연령층에 의한 차이는 작다고 생각해도 좋을 것이다. 남녀차도 연령차도 나눗셈의 결과 값이 1에서 어느 정도 멀어지는가가 특색이 된다.

그림 II-2는 남성의 「응답자율」을 여성의 「응답자율」로 나눈 것은 가로축에, 50세 미만율의 「응답자율」을 50세 이상의 「응답자율」로 나눈 것은 세로축에 두고 각 질문의 값을 표시한 것이다. 다만 보기 쉽게 하기 위해 대수 눈금을 채택하고 있다.

그림 II-2 「응답자율」(남녀차와 연령차)

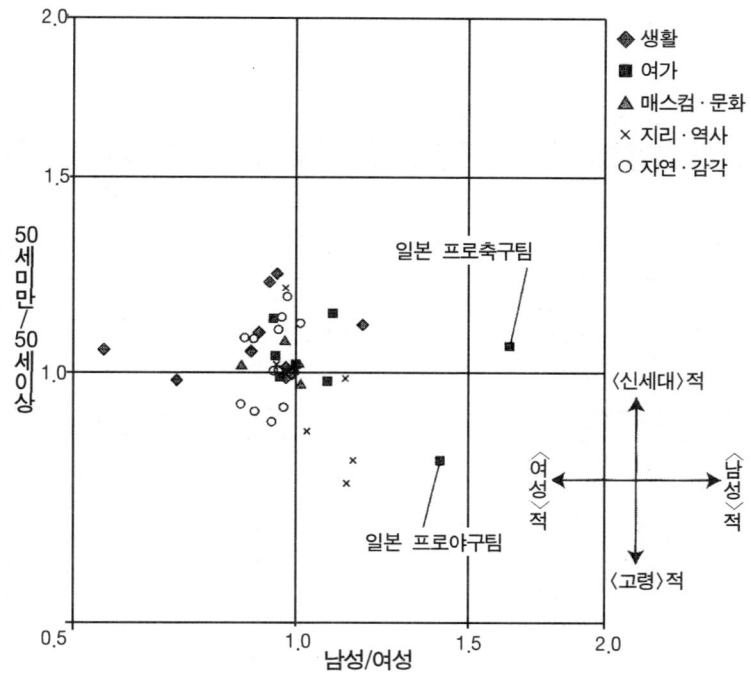

2. 좋아하는 것의 '정점'은 요리, 음료

여기에서 표시한 점이 평면상에서 오른쪽으로 갈수록 그 질문은 〈남성〉적이고 반대로 왼쪽으로 갈수록 〈여성〉적이다. 즉 그 질문 테마에 관한 관심이 남성쪽에서 높은지 아니면 여성쪽에서 높은지를 나타낸다고 생각된다. 또 평면상에서 위로 가면 갈수록 그 질문은 〈신세대〉적이고 아래로 갈수록 〈고령〉적이다.

장르별로 보면 생활에 관한 질문은 〈여성·신세대〉적인 것이 많고 지리·역사에 관한 질문은 반대로 〈남성·고령〉적인 것이 많다. 자연·감각에 관한 질문은 대개 〈여성〉적이고 여가에 관한 질문에서는 **일본 프로축구팀**과 **일본 프로야구팀**이 눈에 띄게 〈남성〉적이다.

표 II-3은 남성의 「응답자율」을 여성의 「응답자율」로 나눈 것과 50세 미만율의 「응답자율」을 50세 이상의 「응답자율」로 나눈 것을 각각 대소순으로 나열한 것이다.

표 II-3 「응답자율」(남녀차와 연령차)

남성/여성					
크다 (남성>여성)		작다 (남성<여성)		1에 가깝다 (남성≒여성)	
일본 프로축구팀	1.648	보석·천연석	0.555	요리	0.999
일본 프로야구팀	1.419	가사	0.711	여가 때 하는 것	0.998
주류	1.184	악기	0.861	음료	0.998
강	1.159	꽃	0.861	TV프로그램 장르	1.005
일본의 수상	1.142	색	0.870	조미료·향신료	0.992

50세 미만/50세 이상					
크다 (신세대>고령)		작다 (신세대<고령)		1에 가깝다 (신세대≒고령)	
중학교 학과목	1.241	일본의 수상	0.766	요리	1
초등학교 학과목	1.218	일본 프로야구팀	0.809	과일	0.998
나라·지역	1.204	강	0.811	음료	1.002
요일	1.182	산(산계)	0.874	야채	0.996
하는 스포츠	1.139	방향	0.891	말	1.005

〈남성〉적인 질문으로서는 앞서 기술한 **일본 프로축구팀, 일본 프로야구팀** 외에 **주류**酒類**, 강**川**, 일본의 수상**首相이 있고 이들은 남성의 관심이 높은 질문 테마라고 할 수 있을 것이다. 반대로 **보석ㆍ천연석, 가사** 등은 여성의 관심이 높은 질문 테마라고 할 수 있을 것이다. 연령에 따른 차이로 보면 〈신세대〉적인 질문으로 **중학교 학과목, 초등학교 학과목, 나라ㆍ지역** 등이 있고, 〈고령〉적인 질문으로 **일본의 수상, 일본 프로야구팀, 강** 등을 들 수 있다.

요리, 음료는 전체「응답자율」이 높고 남녀나 연령에 의한 차이가 작은 것을 알 수 있다. 다시 말하면「좋아하는 사람은 많지만 그 편차는 작다」,「좋아하는 사람이 많고 또한 빠짐없이 선호되고 있다」라는 것이다. 이처럼 **요리**나 **음료**는 이번(2007년) 조사에서 일련의 테마로 내세우기에 적합한「정점」적인 존재일 것이다.

3 여성은 다양한 '미美'를 선호

다음으로 「응답률」에 대해서 제 2절의 「응답자율」과 마찬가지로 분석해 보자.

「응답자율」은 그 질문 테마에 관한 「관심」과 연관이 있다고 생각된다. 한편 이 「응답률」은 「구체적 응답자」 한 사람당 좋아하는 것이 폭넓은, 즉 「다양성」과 연결된다고 생각된다.

여기에서 남성의 「응답률」을 여성의 「응답률」로 나눈 것은 해당 질문에서 좋아하는 것의 「남녀차」를 나타내는 지표가 된다. 즉 이 값이 1보다 크면 클수록 그 질문은 「구체적 응답률」 한 사람당 선택한 선택지의 수가 여성보다는 남성쪽에서 많아져 〈남성〉적이다. 반대로 1보다 작으면 작을수록 〈여성〉적이고 1에 가까울수록 남녀차는 작다고 생각해도 좋을 것이다. 마찬가지로 50세 미만의 「응답률」을 50세 이상의 「응답률」로 나눈 것으로 해당 질문이 〈신세대〉적인지 〈고령〉적인지를 본다.

그림 II-3은 남성의 「응답률」을 여성의 「응답률」로 나눈 것은 가로축에, 50세 미만의 「응답률」을 50세 이상의 「응답률」로 나눈 것은 세로축으로 두고 각 질문별로 각각의 값을 표시한 것이다. 그림 II-2와 마찬가지로 대수 눈금으로 나타내고 있다. 이 그림에서 해당 질문이 〈남성〉적인지, 〈여성〉적인지 아니면 〈신세대〉적인지 〈고령〉적인지를 알아볼 수 있다.

우선 「응답자율」과 비교해서 「응답률」의 분포는 〈여성·고령〉적인 영역에 치우쳐 있음을 알 수 있다. 장르별로 보면 생활이나 자연·감각에 관한 질문은 이러한 경향이 강하다고 할 수 있다. 반대로 여가에 관한 질문은 적당히 흩어져 있다.

그림 II-3 「응답률」(남녀차와 연령차)

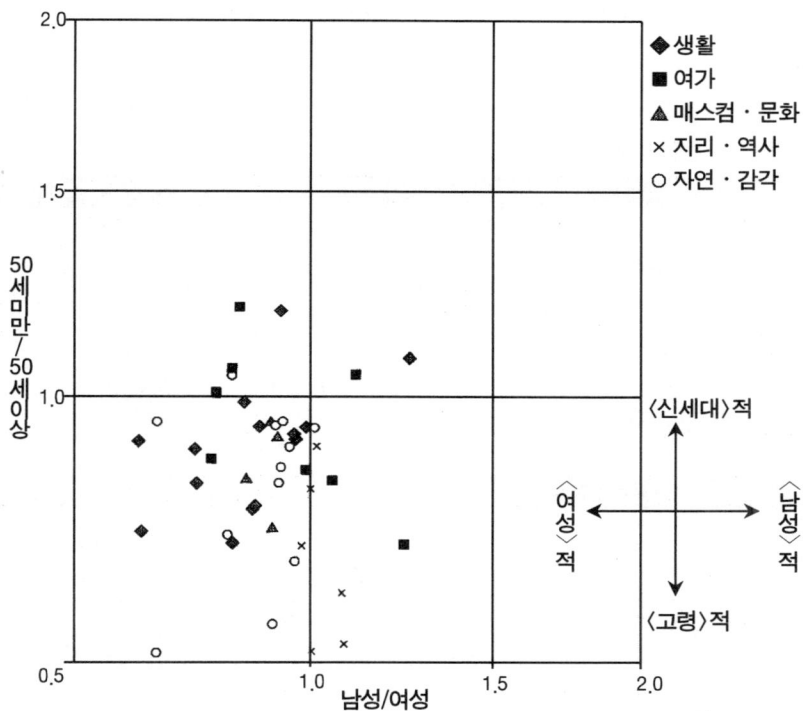

　표Ⅱ-4는 남성의 「응답률」을 여성의 「응답률」로 나눈 것과 50세 미만의 「응답률」을 50세 이상의 「응답률」로 나눈 것을 각각 대소 순으로 나열한 것이다.
　〈남성〉적인 질문은 **주류, 보는 스포츠, 하는 스포츠** 등이다. 〈여성〉적인 질문은 **의류패션, 가사, 색깔, 꽃, 보석·천연석** 등이다. 광범위하게 말하면 남성은 술이나 스포츠 중에서 좋아하는 것이 많고 여성은 패션, 보석·천연석 등 몸에 착용하는 것이나 색깔, 꽃 등, 「아름다움」에 관한 것을 좋아한다. 연령층에 의한 차이를 보면 〈신세대〉적인 질문은 **문화·오락 시설**,

주거 형태, 주류 등이다. 〈고령〉적인 질문은 **꽃, 강, 산(산계)** 등이다. 연령층이 올라갈수록 화조풍월花鳥風月적인 분야에서 다양한 것을 좋아하게 되는 것 같다.

표 II-4 「응답자율」(남녀차와 연령차)

남성/여성					
크다 (남성>여성)		작다 (남성<여성)		1에 가깝다 (남성≒여성)	
주류	1.259	의류패션	0.625	나라 · 지역	1.003
보는 스포츠	1.246	가사	0.628	요리	0.993
하는 스포츠	1.117	색깔	0.658	일본 프로축구팀	0.993
산(산계)	1.089	꽃	0.659	강	1.007
일본의 수상	1.083	보석 · 천연석	0.738	계절	1.012

50세 미만/50세 이상					
크다 (신세대>고령)		작다 (신세대<고령)		1에 가깝다 (신세대≒고령)	
문화 · 오락시설	1.207	꽃	0.516	과자 · 디저트	0.991
주거형태	1.200	강	0.518	여가 장르	1.010
주류	1.088	산(산계)	0.531	색깔	0.947
여가때 하는 것	1.063	나무	0.564	하는 스포츠	1.053
동물	1.054	일본의 수상	0.619	시간대	0.946

4. 「교진巨人・다이호大鵬・다마고야키卵焼き」 시대의 종식

「일본인이 좋아하는 것에 관한 조사」는 1983(쇼와 58)년에도 동일하게 실시했다. 다만 지난번(1983년) 조사는 이번(2007년)과 마찬가지로 「배부 회수법」이라는 방법과 「우송법」이라는 방법에 따른 두 종류를 병행하여 실시하였다. 알기 쉽게 말하자면 전자는 조사원이 조사 상대에게 조사표를 건내어 응답을 적게 하여 후일 회수하는 방법이다. 후자는 조사원을 거치지 않고 조사표를 우편으로 조사 상대에게 보내어 응답을 적은 것을 반송해 받는 방법이다. 모두 여론 조사 분야에서는 흔히 볼 수 있는 일반적인 조사 방법이다.

여기에서는 이번(2007년) 조사 내용 중 지난번(1983년)과 조사 방법・선택지 내용이 같은 **주거 형태, 가사, 도도부현都道府県, 꽃, 나무, 새, 연령, 계절, 월, 요일, 숫자, 방향**의 13문항에 대해서는 지난번(1983년)과 이번(2007년)의 결과를 비교할 수 있다. 또 이들 외의 질문에 대해서도 수치를 엄밀히 비교하는 것은 어려워도 대략적인 경향처럼 「어느 정도의」 비교는 가능할 것이다. 물론, 이번(2007년)에 새롭게 질문한 **야채**나 **중학교 학과목** 등은 이러한 비교는 할 수 없다. 이 절과 다음 절에서는 지난번(1983년)과 이번(2007년)의 비교를 시도한다.

우선 좋아하는 비율(=지지율)이 가장 높았던 것을 비교해 보자.

지난번(1983년)과 이번(2007년)에서 「엄밀한」 비교를 할 수 있는 13문항에 대해 지난번(1983년)과 이번(2007년)의 지지율이 선두였던 것과 그 지지율을 정리한 것이 표 II-5이다. 여기에서 비교란의 기호 「>」는 이번(2007년)의 지지율이 지난번(1983년)의 지지율보다는 통계적으로(오차 범위 이상으로) 증가한 것을 의미하고, 「<」는 그 반대로 이번(2007년)의

지지율이 지난번(1983년)의 지지율보다도 통계적으로 (오차 범위 이상으로) 감소한 것을 의미한다. 「≒」는 이번(2007년)의 지지율이 지난번(1983년)의 지지율과 통계적으로 변화가 없다는 것, 즉 오차의 범위 안이라는 것을 의미한다.

표 Ⅱ-5 지지율 선두 비교 ①

질문테마	今回(2007年)		비교	前回(1983年)	
	선두인 것	지지율(%)		선두인 것	지지율(%)
주거형태	일본식 단독주택	64	<	일본식 단독주택	73
가사	식사준비	31	≒	세탁	31
도도부현	홋카이도	50	<	홋카이도	55
꽃	벚꽃	66	≒	벚꽃	65
나무	벚나무	63	>	벚나무	54
새	꾀꼬리	36	<	꾀꼬리	48
연령	20대	49	<	20대	52
계절	봄	69	≒	봄	67
월	4월	45	<	10월	48
요일	토요일	53	<	토요일	60
색깔	흰색	40	<	흰색	58
숫자	7	40	≒	7	41
방향	남	38	<	남	47

표를 보면 13문항 중 11문항은 지지율의 선두 자리가 지난번(1983년)과 이번(2007년)이 모두 동일하였다. 한편 나머지 **가사家事**와 **월月**은 지지율 선두가 각각 「세탁」에서 「식사준비」, 「10월」에서 「4월」로 바뀌었다. 다만 이번(2007년) **가사**의 지지율을 소수점 첫째자리까지 보면 「세탁(30.6%)」은 단지 「식사준비(30.7%)」에 미치지 못했을 뿐 이 양자의 지지율은 거의 같다. 즉 통계적으로 보면 「세탁」은 지난번(1983년)에도 이번(2007년)에도 변함없이 선두이고 엄밀한 비교를 할 수 있는 13문항에서 사실상 선두 자리가 바뀐 것은 「**월月**」뿐이다.

다음으로 선두 자리의 지지율 변화를 보기로 하자. **가사, 꽃, 계절, 숫자**

는 변화가 없고 **나무**는 지난번(1983년)보다도 증가하였지만 이 5문항 외의 8문항은 모두 지지율이 지난번(1983년)보다도 감소하고 있다. 특히 **색깔**은 같은「흰색」이 선두 자리에 있다 하더라도 지지율은 58%에서 40%로 실제로는 20% 가까이 감소했다.

정리하면 13문항 중 7문항은 선두 자리가 바뀌지 않았지만 지지율은 줄었다.

선두의 지지율이 감소한 경향은 이 13문항 외에도 볼 수 있다.

표 II-6은「어느 정도의」비교를 할 수 있다는 질문에 대해, 지난번(1983년)과 이번(2007년)의 지지율이 선두인 것과 그 지지율을 정리한 것이다. 반복되지만 이들은 선택지 내용이 다르기 때문에 지난번(1983년)과 이번(2007년)의 결과를 직접 비교할 수는 없다. 어디까지나 참고로 비교하면 **일본 프로야구팀**의「요미우리 자이언츠」의 지지율은 51%에서 27%가 되었다. **보석·천연석**의「다이아몬드」는 51%에서 44%로, **산(산계)**의「후지산」은 59%에서 51%가 되었다. 한편 **나라·지역**에서는 지지율 선두인「스위스」에서「오스트레일리아」로 바뀌고 선두의 지지율은 49%에서 28%로 대폭 감소했다.

일찍이 아이들이 좋아하는 것의 대명사로「교진巨人·다이호大鵬·다마고야키卵燒き」라는 말이 있었다. 이번(2007년) 조사에서 확인된 선두의 지지율이 일제히 저하된 경향에서 이러한「모두가 공통적으로 좋아하는 것」, 이른바「국민적 인기대상」이 지금의 일본에서는 생기기 어려운 상황이 되었음을 알 수 있다.

표 Ⅱ-6 지지율 선두 비교 ②

질문테마	今回(2007年) 선두인 것	지지율(%)	비교	前回(1983年) 선두인 것	지지율(%)
요리	초밥	73	≒	초밥	73
조미료·향신료	된장	64	≒	간장	65
주류	맥주	50	≒	맥주	50
과일	딸기	75	<	딸기	77
장식품·소품	구두	41	<	손목시계	53
보석·천연석	다이아몬드	44	<	다이아몬드	51
초등학교 학과목	국어	37	<	체육	46
여가 때 하는 것	TV를 본다	75	>	TV를 본다	69
보는 스포츠	프로야구	45	<	고교 야구	59
하는 스포츠	볼링	28	≒	탁구	28
일본 프로야구팀	요미우리 자이언츠	27	<	요미우리 자이언츠	51
신문 기사란	라디오·TV 편성표란	44	<	라디오·TV 편성표란	53
나라·지역	오스트레일리아	28	<	스위스	49
산(산계)	후지산	51	<	후지산	59
강	시만토가와(강)	30	≒	기소가와(강)	28
동물	개	63	>	개	60
악기	피아노	50	≒	피아노	48
말	고마워	67	≒	고마워	64
일본 역사상의 시대	쇼와(전후)	27	<	쇼와(전후)	39
건강법	야채를 많이 섭취하는 것	52	≒	푹 잔다	53

5 어디로 향하나 「일본인이 좋아하는 것」

 선두의 지지율만이 아닌 2위 이하의 지지율도 일제히 저하된 질문이 있었다. 엄밀한 비교를 할 수 있는 13문항에서 지지율이 높은 순으로 나열했을 때 **새**는 상위 10항목 지지율의 「범위」가 지난번(1983년)은 48%~25%였던 것이 이번(2007년)에는 36%~15%로 거의 10%포인트 정도 하향한 형태가 되었다. 또 **요일**에서는 「일요일」에서 「토요일」까지의 순위 자체는 지난번(1983년)과 이번(2007년)에서 변화는 없었지만 거의 대부분은 지지율이 하락되었음을 알 수 있다.

 이 경향을 뒤집어보면 「특별히 없음」이나 「무응답」이 많다는 것을 의미한다. 즉 1절에서 정의한 「응답자율」이 감소했다는 것이다.

 엄밀한 비교를 할 수 있는 13문항에서 보면 정도의 대소는 있지만 「특별히 없음」과 「무응답」을 합친 비율은 **가사** 이외의 모든 면에서 증가하고 있다(표 II-7). **가사**라고 하더라도 오차 범위 이상으로 증가하고 있는 것은 아니지만, 비율 그 자체는 증가하고 있다. 특히 **방향**은 24%에서 40%로 크게 증가하였다. **새**에서는 25%로 「특별히 없음」과 「무응답」은 실제로 4명에 1명 비율로 지난번(1983년) 13%에서 두 배로 증가하였다.

표 II-7 「특별히 없음」+「무응답」의 비교

질문테마	今回(2007年)(%)	비교	前回(1983年)(%)
주거 형태	5	>	4
가사	24	≒	22
도도부현	10	>	8
꽃	10	>	4
나무	17	>	7
새	25	>	12
연령	15	>	10
계절	6	>	3
월	10	>	7
요일	22	>	11
색깔	10	>	3
숫자	25	>	16
방향	40	>	24

여기에서 「응답자율」과 「무응답」을 사용하여 지난번(1983년)과 이번(2007년)의 응답 경향을 비교해 보자. 그림 II-4는 엄밀한 비교를 할 수 있는 13문항에 대해 가로축에 「응답자율」의 이번(2007년) 값을 지난번(1983년)의 값으로 나눈 것을, 세로축에 「응답률」의 이번(2007년) 값을 지난번(1983년)의 값으로 나눈 것을 각각 취하여 양자의 관계를 나타낸 것이다. 다만 여기에서도 대수 눈금을 채택했다.

우선 「응답자율」, 「응답률」의 대부분이 이번(2007년)의 값을 지난번(1983년)의 값으로 나눈 값이 1이하의 영역에 분포하고 있다. 이것은 지난번(1983년)과 비교하여 이번(2007년)의 값이 감소하고 있다는 의미이다. 「응답자율」은 「특별히 없음」이나 「무응답」의 증가에 힘입어 일제히

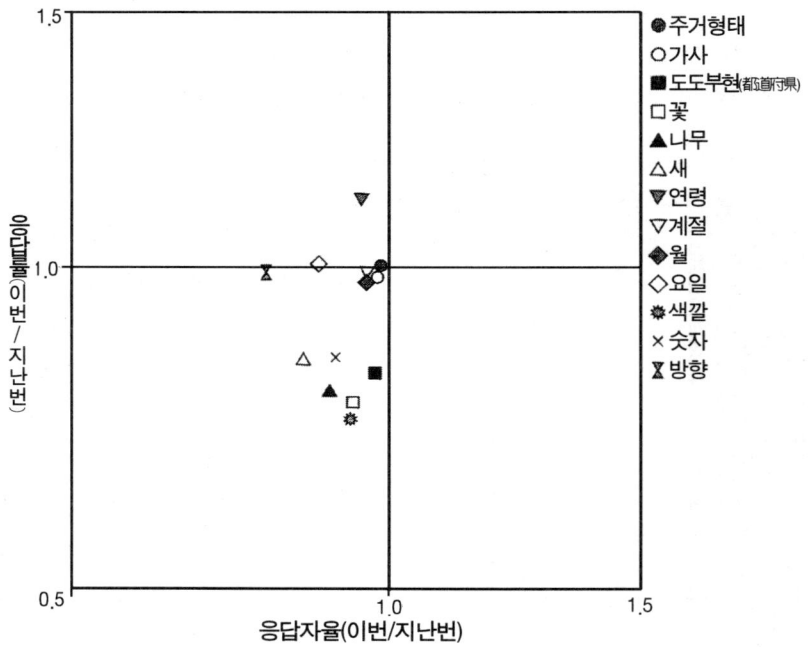

그림 II - 4 「응답자율」, 「응답률」

줄어들고 있고, 특히 **방향, 새, 요일**은 큰 폭으로 감소하는 추세에 있다. 한편「응답률」에서는 **연령, 요일, 주거 형태**에서 증가한 것 이외에는 일제히 이번(2007년) 값은 지난번(1983년)보다도 감소하고 있고 특히 **색깔, 꽃, 나무**의 감소 추세가 두드러진다. 이러한 경향은 엄밀한 비교를 할 수 있는 13문항 외에도 마찬가지다.

선택지를 고른다고 하는 행위는 그 선택지를「알고 있는」것이 전제가 된다. 지리・역사나 화조풍월적인 분야에서는 그와 같은 지식 수준 차이가「응답자율」이나「응답률」에 영향을 준 가능성은 부정할 수 없다. 그러나 지식의 차이가 영향을 끼치지 않을 것이라는 질문 테마에서도「응답자율」이나「응답률」이 감소하고 있는 것은 좋아하는「사람」이 감소하고, 게다가 거기에서 선택되는 좋아하는「것」이 감소하고 있다는 것이다.

지난번(1983년)과 이번(2007년) 조사는 거의 24년이라는 시간의 차이가 있다.「응답자율」이나「응답률」의 감소는 사반세기의 시간을 거쳐 일본인은 기호嗜好에 그다지 구애받지 않게 되었다는 것을 나타내고 있을 가능성이 있다. 아니면 싫고 좋음에 그다지 개의치 않게 되었을지도 모른다.「화조풍월보다는 음식」,「벚꽃이 피는 봄이 인기」,「남녀노소가 개를 선호」라는 각양각색으로 취향의 방향성만이 아닌, 좋아하는 것을 질문한 결과를 통해 일본인의 기본적인 태도 변화의 가능성을 나타내는 경향이 드러났다는 것은 이번(2007년) 조사의 큰 수확이라고 할 수 있다.

결어를 대신하여

다양화일까, 획일화일까

「사람들의 가치관이 다양화되고 있는 현재……」라는 구호를 어딘가에서 들은 적이 많을 것이다. 한때 다양화는 시대의 키워드처럼 활발하게 사용되고 있었다. 「소비자의 가치관이 다양화하는 현상을 근거로 하여 전략 상품의 재검토를 실시한다」라든가 「라이프스타일이나 가치관의 다양화를 동반하여 다양한 작용을 준비할 필요가 있다」 등의 말투이다.

가치관의 다양화는 정말로 진행되고 있는 것일까. 사실은 이번(2007년)의 「일본인이 좋아하는 것에 관한 조사」를 기획한 배경에는 그러한 의문이 있었다. 이렇게 말하는 이유는 NHK 여론 조사 결과 중에서 「가치관은 다양화하지 않고 오히려 획일화되고 있다」라는 데이터가 있었기 때문이다. NHK방송문화연구소가 1973년부터 5년에 한 번씩 실시하고 있는 「일본인의 의식조사」는 생활 목표, 정치의식, 일과 여가, 남녀의 자세 등 폭넓은 분야에 대해 일본인의 기본적인 사고방식이나 가치관의 변화를 장기적으로 파악하고 있다. 7회분, 30년간의 조사 결과를 보면 각각의 질문에서 가장 응답이 많았던 선택지와 두 번째로 많았던 선택지와의 차이가 벌어져 선두 자리에 오른 선택지의 「홀로 우승」 경향이 강하다는 것이다. 최고(선두)의 비율이 더욱더 높아져 2위 이하를 따돌리는 「홀로 우승」이 진행된다는 것은 획일화의 방향으로 변화하고 있다는 것이 된다(자세하게는 NHK방송문화연구소편 『현대 일본인의 의식구조(제6판)』를 봐주길 바란다).

「다양화」라는 말은 정부의 백서나 보고서에서 「고용의 다양화」나 「학생의 다양화」라는 말투에서 찾아볼 수 있다. 이들은 「정사원, 계약사원, 파트타임, 아르바이트 등의 고용 형태의 차이가 크다」고 하거나 「학습의욕, 학력, 가정환경 등의 차이가 커지고 있다」고는 하지 않고 「다양화」라는 말을 사용하고 있다. 말하자면 오블레이트(oblate)에 싸여 있을 측면이 있으므로 주의가 필요하다는 것이다. 다양화라고 표현되어 있는 것 중에는 격차가 크다는 것이 포함되어 있다는 것이다.

또 「가치관의 다양화」는 당초 주로 소비의 측면, 즉 대부분의 사람이 같은 것을 구입하지 않게 되었다고 하는 상황과 관련하여 자주 사용되었다고 기억하고 있다. 「일본인의 의식조사」에서 가치관의 획일화가 진행되고 있다는 데이터를 봤을 때는 기본적인 사고방식으로서의 가치관과 일상의 소비재에 대한 기호嗜好로서의 가치관과는 다른 것으로 기본적인 가치관은 획일화하더라도 소비재의 기호嗜好가 다양화하는 것은 있을 수 없다고 생각했다. 예를 들어 말하자면 「가방은 구찌인지 에르메스인지의 차이에 집착한다는 의미에서 다양화하고 있지만 브랜드 지향으로 간주하면 획일화가 진행되고 있다」고 받아들일 수 있다.

이번(2007년)의 「일본인이 좋아하는 것에 관한 조사」에서 그것을 확인할 수 있지 않을까라고 생각했지만 결과는 과녁을 그냥 스쳐 지나간 꼴이다. 다양화인지 획일화인지는 별개의 요소이며, 좋아하는 것은 특별히 좋아하는 것이 없는 사람의 증가가 큰 특징으로 드러났기 때문이다.

싫고 좋음에 따른 애착의 강약 축

특별히 좋아하는 것이 없다는 사람이 증가했다고 하는 것은 좋아하는 것에 애착을 가지는 사람이 줄었다는 것이라고도 할 수 있을 것이다. 이 조사 결과를 가지고 다양화인지 획일화인지의 이원론이 아닌 또 하나의 축으로서 싫고 좋음에 대한 애착이 강한지 약한지를 고려할 필요가 있다고 생각했다. 두 축을 도식화한 모델을 보기로 하자.

다양성과 싫고 좋음에 따른 애착의 개념도

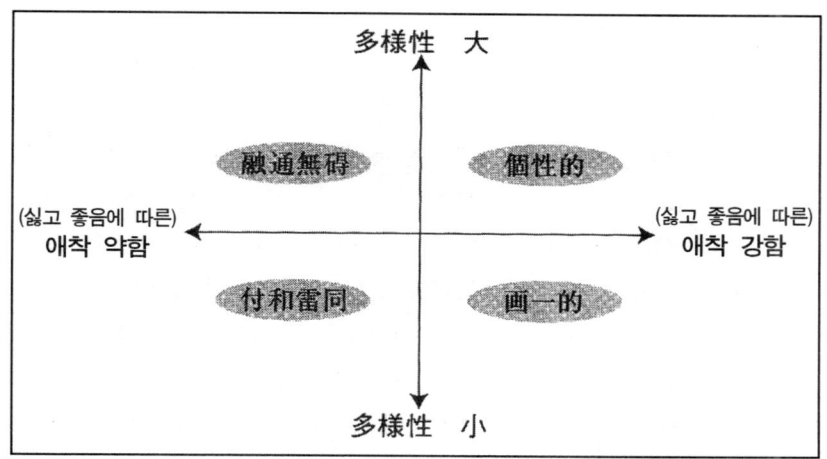

세로축은 다양화가 큰지 작은지에 관한 축이고 가로축은 싫고 좋음에 따른 애착이 강한지 약한지에 관한 축이다. 다양성이 크고, 싫고 좋음에 따른 애착이 강한 영역은 「개성적」, 다양성이 작고 싫고 좋음에 따른 애착이 강한 영역은 「획일적」이라고 생각할 수 있다. 그리고 다양성이 크고, 싫고 좋음에 따른 애착이 약한 영역은 「융통무애融通無碍」로 자리매김하였다. 자신의 기호嗜好나 가치관은 있지만 싫고 좋음에 따른 애착은 별로 없기 때문에 그때그때의 상황에 따라 바꿀 수가 있다는 의미이다. 더욱이 다양성이 작고, 싫고 좋음에 따른 애착이 약한 영역은 「부화뇌동附和雷同」으로 자리매김하였다. 자신의 기호嗜好나 가치관은 명확히 하지 않고 주위의 움직임에 맞추어 자신도 움직인다는 의미이다.

「좋아하는 것」의 데이터에서 집단으로서의 일본인의 모습을 파악하려고 하였더니 「융통무애融通無碍」나 「부화뇌동附和雷同」의 경향이 보였다는 것이다. 요 몇 년 자주 듣게 된「공기를 읽는다」라는 말은 그 장면과 장면의 상황에 맞는 언동을 한다고 하는 의미에서 사용되고 있다.「융통무애融通無碍」나「부화뇌동附和雷同」은 이「공기를 읽는다」라는 말과도 연관이 있는 경향이라고 할 수 있다.

이 모델을 사용하여 일본인의 의식이나 가치관을 둘러싼 여러 가지 사상을 설명할 수 있다. 예를 들면 지지 정당의 변화를 들 수 있다.「일본인의 의식 조사」의 정치의식 분야에서는 특정의 지지 정당이「특별히 없음」이 증가하여 2003년에는 두 사람 중 한 사람은「지지 없음」이라는 상태가 되었다.「지지 없음」의 홀로 우승이라고 보면 획일화가 진행된 것이 된다. 다만「지지 없음」은 어디까지나 어느 정당도 지지하지 않는다는 태도가 아닌 또 지지 정당의 어떤 사람도 그 때마다의 정치 정세에 따라 투표하는 정당을 바꾸는「융통무애融通無碍」한 경향이 있다. 2005년 중의원 선거에서는 고이즈미小泉 내각하에 자민당이 대승하고, 2007년 참의원 선거에서는 자민당이 대패하여 이내 아베安部내각이 퇴진했다. 이 진폭의 크기로는「부화뇌동附和雷同」의 경향을 엿볼 수 있다.

2002년의 월드컵 축구의 고조 모습을 기억하고 있을 것이다. 경기장뿐 아니라 스포츠 카페나 가두에서도 화려한 응원을 하는 사람들을 봤다. J리그의 발족으로 축구의 인기는 이전보다 높아졌지만 아직 야구와 차이를 보이고 있다. 평소에는 매일 야간 경기를 보는 야구팬이더라도 갑자기 축구팬이 되는「융통무애融通無碍」의 전형이며, 지금까지 축구에는 별로 흥미가 없었지만 고조되고 있으니까 보기로 하자는「부화뇌동附和雷同」의 전형이다.

「융통무애融通無碍」나「부화뇌동附和雷同」의 경향은 원래부터 이러한 말이 있는 것이므로 새로운 특징이라고는 할 수 없다. 또 당연한 것이므로 모든 사람이「융통무애融通無碍」나「부화뇌동附和雷同」이라는 것은 아니다. 그러나 이번(2007년) 조사 결과를 분석한 결과, 집단으로서의 일본인은「융통무애融通無碍」나「부화뇌동附和雷同」의 경향이 이전보다 강해지고 있는 것은 아닐지 생각하게 된다.

다양성과 싫고 좋음에 따른 애착 밸런스

「개성적」, 「획일적」, 「융통무애融通無碍」, 「부화뇌동附和雷同」이라는 4개의 말을 나열하면 「개성적」에는 플러스 이미지, 「부화뇌동附和雷同」에는 마이너스 이미지를 떠올릴 것이라고 생각하지만, 「요즘의 일본인은 부화뇌동附和雷同이 되어 한심스럽다」고 말하기 어려운 4개의 유형을 생각한 것은 아니다. 싫고 좋음에 따른 애착을 가질 필요는 없다는 점에서 자신의 생각을 굽히지 않는 완고함은 주위와의 알력을 낳는다. 자신과 다른 의견을 인정하거나 받아들이거나 하는 유연함이라는 측면에서 보면 「융통무애融通無碍」나 「부화뇌동附和雷同」은 플러스라고 평가할 수 있다. 좋은 것이라면 자발적으로 받아들이는 경향이라고 생각하면 「부화뇌동附和雷同」은 바람직한 것이 된다.

여기에서는 원래의 말이 지니는 이미지에서 조금 벗어나서 받아들이길 바란다.

「개인적」이든 「부화뇌동附和雷同」이든 플러스적인 면과 마이너스적인 면의 양면이 있다고 할 수 있다. 자신은 아무것도 생각하지 않고 단지 주위에 맞추는 것뿐이라면 주위가 잘못되면 자신도 잘못되는 것이 된다. 집단으로서의 일본인에게 「부화뇌동附和雷同」의 경향이 너무 강해져 있는 것이라면 장래가 걱정이 된다. 한편 「개성적」인 경향이 너무 강해 자신과는 다른 가치관을 인정하지 않는 상태가 되면 여기저기에서 충돌이 일어나게 된다.

필요한 것은 밸런스를 잃지 않는 것이다. 「좋아하는 것」을 묻는 조사에서 싫고 좋음에 따른 애착이 약하다고 하는 조사 결과를 얻을 수 있었다는 점에서 「융통무애融通無碍」나 「부화뇌동」의 경향이 강해질 가능성이 있다는 것을 알았다. 그러면 현대 일본인의 상태는 「융통무애融通無碍」나 「부화뇌동附和雷同」의 경향이 너무 지나쳐 밸런스를 잃은 상태인 것일까. 조사 결과의 데이터로는 판단할 수 없지만 지금 일본에서 일어나고 있는 다양한 사건을 판단 자료로 해서 그것을 판별할 필요가 있는 것 같다.

감사의 글

「당신이 좋아하는 것은 무엇입니까?」
「일본인이 좋아하는 것에 관한 조사」에서 묻고 있는 것은 분야는 다르지만 기본적으로는 이와 똑같은 질문이다. NHK방송문화연구소에서는 연간을 통해 다양한 여론 조사를 실시하고 있지만 이만큼 단순한 문항이 많은 조사는 지금껏 없었다. 「기호嗜好」라는 누구나 지닌 소박한 감정에서 일본인의 가치관이나 의식을 찾으려고 하는 것도 생각해 보면 단순한 발상이었는지도 모른다.

그러나 단순한 조사에서 보이는 것이 반드시 간단하게 이해할 수 있는 것이라고는 할 수 없다. 방대한 조사 결과의 분석을 시작하자 거기에서는 일본인의 다양하면서 복잡한 면이 드러나 연구원들을 괴롭혔다. 「이것을 좋아하는 사람이 많다는 것은 왜일까?」, 「원래 좋아한다는 것은 어떠한 것일까?」 때로는 논의가 제자리걸음을 하여 막다른 골목에 도달해 버리는 일도 있었다.

그것을 뛰어넘어 이렇게 한 편의 책으로 정리할 수 있었던 것은 많은 사람들의 협력이 있었기 때문이다. 특히 이 정도로 신뢰성이 높은 데이터를 얻을 수 있었던 것은 조사에 협력을 해주신 전국의 국민 여러분의 덕분이다. 그리고 우리 연구소의 OB이시며 이 조사의 실시에도 참여하신 니혼대학日本大学의 나카세 다케마루中瀬剛丸교수님은 지도·조언뿐만 아니라 본 저서의 집필에도 관여해 주셨다.

조사의 실시에서 본 저서의 출판에 이르기까지 다양한 형태로 신세를 진 분들에게 지면을 빌려 진심으로 감사를 드린다. 고맙습니다.

본 저서가 일본인의 기호嗜好와 가치관을 알 수 있는 실마리로서 폭넓게 활용되기를 바란다.

 또한「일본인이 좋아하는 것에 관한 조사」는 여론 조사부의 야마다 아키山田亜樹, 사카이 요시후미酒井芳文, 모로후지 에미諸藤絵美, 세 사람이 기획・실시하였고 본 저서의 집필도 주로 세 사람이 담당하였다.

2008년 1월
여론 조사부 담당부장 시오다 고지塩田幸司

권말 자료

- 일본인이 좋아하는 것에 관한 조사 집계 결과
- 샘플 구성비

일본인이 좋아하는 것에 관한 조사 　　집계 결과 상위

【조사개요】
1. 조사 기간: 2007년3월3일(토)～11일(일)
2. 조사 대상: 전국 16세 이상 국민 3,600명(12명×300지점)
3. 조사 방법: 배부 회수법
4. 응답자수(율): 2,394명(66.5%)

문항 1 좋아하는 요리

1위	스시	0.727
2위	사시미	0.672
3위	라멘	0.617
4위	미소시루	0.615
5위	야키자카나	0.604
6위	야키니쿠・텝판야키	0.586
7위	카레라이스	0.581
8위	교자	0.568
9위	사라다	0.556
10위	부타지루・겐친지루	0.546
(특별히 없음+무응답)		0.8

문항 2 좋아하는 조미료・향신료

1위	된장	0.637
2위	파	0.616
3위	참깨	0.56
4위	생강	0.556
5위	마요네즈	0.553
6위	와사비(고추냉이)	0.526
7위	폰스(pons)	0.512
8위	설탕	0.497
9위	후추	0.492
10위	참기름	0.481
(특별히 없음+무응답)		0.022

문항 3 좋아하는 음료

1위	녹차	0.679
2위	커피	0.658
3위	우유	0.494
4위	보리차	0.462
5위	미네랄워터	0.415
6위	홍차	0.405
7위	주스(과즙)	0.383
8위	현미차	0.361
9위	호우지차	0.36
10위	코코아	0.345
(특별히 없음+무응답)		0.008

문항 4 좋아하는 주류

1위	맥주	0.497
2위	과실주(매실주 등)	0.316
3위	소주	0.273
4위	청주	0.242
5위	와인	0.24
6위	발포주	0.189
7위	칵테일	0.187
8위	사워	0.141
9위	위스키	0.132
10위	스파클링 와인	0.104
(특별히 없음+무응답)		0.23

문항 5 좋아하는 야채

1위	양배추	0.698
2위	양파	0.682
3위	무	0.675
4위	파	0.668
5위	배추	0.658
6위	감자	0.654
7위	시금치	0.653
8위	토마토	0.635
9위	가지	0.627
10위	에다마메	0.607
(특별히 없음+무응답)		0.014

문항 6 좋아하는 과일

1위	딸기	0.746
2위	귤	0.675
3위	복숭아	0.675
4위	배	0.654
5위	사과	0.635
6위	포도	0.612
7위	메론	0.591
8위	수박	0.584
9위	바나나	0.563
10위	버찌	0.531
(특별히 없음+무응답)		0.017

문항 7 좋아하는 과자 · 디저트

1위	아이스크림	0.574
2위	초콜릿	0.557
3위	푸딩	0.518
4위	치즈케이크	0.517
5위	쇼트케이크	0.505
6위	요구르트	0.47
7위	다이후쿠	0.469
8위	아라레 · 센베이	0.461
9위	사쿠라모치 · 가시와모치	0.453
10위	오하기	0.447
(특별히 없음+무응답)		0.027

문항 8 좋아하는 주거 형태
(10항목부터 복수 응답)

1	일본식 단독주택	0.64
2	서양식 단독주택	0.435
3	고층맨션	0.114
4	테라스하우스	0.089
5	4,5층 맨션	0.081
6	상가형 연립주택	0.038
7	가게 · 작업장 겸용	0.031
8	공영 · UR(공단)임대주택	0.024
(특별히 없음+무응답)		0.052

문항 9 좋아하는 의류패션
(32항목에서 복수 응답)

1	캐쥬얼	0.623
2	무지	0.381
3	스포티	0.359
4	근사하다	0.27
5	단조로움(흑백)	0.252
6	국산메이커	0.242
7	노브랜드패션	0.198
8	유카타(욕실옷)	0.191
9	예쁨	0.19
10	정장	0.189
(특별히 없음+무응답)		0.096

문항 10 좋아하는 장식품 · 소품
(38항목부터 복수 응답)

1	구두	0.41
2	손목시계	0.363
3	가방	0.357
4	지갑	0.345
5	모자	0.343
6	목걸이 · 팬던트	0.281
7	휴대폰	0.273
8	머플러	0.264
9	반지	0.252
10	손수건	0.216
(특별히 없음+무응답)		0.137

문항 11 좋아하는 보석·천연석
(27항목부터 복수 응답)

1	다이아몬드	0.437
2	진주	0.351
3	루비	0.223
4	에메랄드	0.21
5	사파이어	0.19
6	수정	0.158
7	오팔	0.114
8	자수정	0.109
9	비취	0.104
10	산호	0.096
(특별히 없음+무응답)		0.34

문항 12 좋아하는 가사
(22항목부터 복수 응답)

1	식사준비	0.307
2	세탁	0.306
3	일용품 장보기	0.287
4	방청소	0.283
5	정원손질	0.215
6	방 재배치	0.167
7	식사후 설거지	0.156
8	의복정리	0.147
9	바깥청소	0.142
10	동물 돌보기	0.142
(특별히 없음+무응답)		0.239

문항 13 좋아하는 초등학교 학과목
(13항목부터 복수 응답)

1	국어	0.374
2	체육	0.363
3	산수	0.303
4	음악	0.291
5	도화공작	0.29
6	사회	0.251
7	이과	0.204
8	가정	0.166
9	도덕	0.114
10	생활(1,2학년 사회+이과)	0.071
(특별히 없음+무응답)		0.188

문항 14 좋아하는 중학교 학과목
(17항목부터 복수 응답)

1	국어	0.319
2	사회(역사)	0.293
3	보건체육(체육)	0.277
4	수학	0.263
5	음악	0.261
6	미술	0.226
7	영어	0.196
8	사회(지리)	0.187
9	이과	0.173
10	기술·가정(가정)	0.17
(특별히 없음+무응답)		0.203

문항 15 여가 때 하는 것 중 좋아하는 것
(48항목부터 복수 응답)

1위	TV를 본다	0.747
2위	낮잠을 잔다	0.426
3위	맛있는 것을 먹으러 간다	0.412
4위	DVD·비디오를 본다	0.381
5위	신문을 읽는다	0.376
6위	쇼핑을 한다	0.371
7위	책을 읽는다	0.363
8위	친구·지인을 사귄다	0.358
9위	잡지를 읽는다	0.351
10위	여행을 간다	0.327
(특별히 없음+무응답)		0.016

문항 16 보는 스포츠 중에서 좋아하는 것
(57항목부터 복수 응답)

1위	프로야구	0.447
2위	고교 야구	0.389
3위	피겨스케이트	0.359
4위	마라톤	0.327
5위	역전 마라톤	0.322
6위	축구	0.305
7위	배구	0.303
8위	스모	0.228
9위	골프	0.18
10위	싱크로나이즈드스이밍	0.164
(특별히 없음+무응답)		0.102

문항 17 하는 스포츠 중에서 좋아하는 것
(52항목부터 복수 응답)

1위	볼링	0.278
2위	야구	0.246
3위	탁구	0.213
4위	배구	0.195
5위	배드민턴	0.189
6위	수영	0.181
7위	낚시	0.168
8위	테니스	0.167
9위	골프	0.16
10위	스키	0.144
(특별히 없음+무응답)		0.175

문항 18 좋아하는 일본 프로야구팀
(13항목부터 복수 응답)

1	Yomiuri Giants	0.267
2	HANSHIN Tigers	0.173
3	Fukuoka SoftBank Hawks	0.119
4	Chunichi Dragons	0.071
5	Hokkaido nippon-Ham Fighters	0.063
6	Saitama Seibu Lions	0.045
7	Tokyo Yakult Swallows	0.044
8	Hiroshima Toyo Corp	0.043
9	Tohoku Rakuten Goleen Eagles	0.041
10	Yokohama BayStars	0.031
(특별히 없음+무응답)		0.388

문항 19 좋아하는 일본 프로축구팀
(20항목부터 복수 응답)

1	Urawa Reds	0.087
2	Kashima Antles	0.058
3	Gamba Osaka	0.051
4	Jubiro Iwata	0.051
5	Yokohama F-Marinos	0.042
6	Shimizu-S-Palse	0.03
7	Nagoya Grampus Eight	0.026
8	Yokohama FC	0.022
9	Albirex Niigata	0.018
10	Sanfrecce Hiroshima	0.017
(특별히 없음+무응답)		0.688

문항 20 좋아하는 스포츠 선수
(3명까지 자유 응답)

1위	이치로	0.162
2위	마쓰이 히데키	0.095
3위	아사다 마오	0.059
4위	미야자토 아이	0.059
5위	마쓰자카 다이스케	0.041
6위	나가시마 시게오	0.03
7위	오 사다하루	0.028
8위	후쿠하라 아이	0.028
9위	나카무라 슌스케	0.027
10위	아라카와 시즈카	0.025
(특별히 없음+무응답)		0.428

문항 21 좋아하는 여행 장르
(48항목부터 복수 응답)

1	온천・온천욕 치료	0.55
2	가족여행	0.431
3	자연 풍경 관망	0.352
4	드라이브	0.33
5	계절꽃구경・단풍놀이	0.312
6	먹으러 돌아다니기	0.291
7	제멋대로 여행	0.279
8	열차여행	0.276
9	쇼핑	0.261
10	유명 지역 순회	0.228
(특별히 없음+무응답)		0.072

문항 22 좋아하는 신문 기사란
(34항목부터 복수 응답)

1	라디오・TV 편성표란	0.441
2	스포츠란	0.397
3	일기예보	0.34
4	지역란(도도부현판 등)	0.334
5	사회란	0.289
6	정치란	0.272
7	생활란	0.231
8	취미란	0.216
9	행락・행사 안내	0.212
10	예능・오락란	0.191
(특별히 없음+무응답)		0.096

문항 23 좋아하는 TV프로그램 장르(17항목부터 복수 응답)

1	뉴스・뉴스 쇼	0.621
2	드라마	0.522
3	일기예보	0.431
4	예능이나 콩트 등의 호화쇼	0.42
5	가요프로그램・음악프로그램	0.417
6	스포츠 프로그램	0.387
7	퀴즈・게임	0.318
8	자연・역사・기행・과학 등 일반교양프로그램	0.288
9	극장용 영화	0.286
10	만담・재담 등의 연희・연예	0.234
	(특별히 없음+무응답)	0.032

문항 24 좋아하는 탤런트・가수(3명까지 자유 응답)

1	나가카와 기요시 (永川きよし)	0.038
2	미소라 히바리 (美空ひばり)	0.037
3	기타지마 사부로 (北島三郎)	0.034
4	아카시야 삼마 (明石家さんま)	0.029
5	기무라 다쿠야 (木村拓哉)	0.025
6	고부쿠로 (コブクロ)	0.023
7	스마프 (SMAP)	0.022
8	이쓰키 히로시 (五木ひろし)	0.021
9	하마사키 아유미 (浜崎あゆみ)	0.02
10	후쿠야마 마사하루 (福山雅治)	0.019
	(특별히 없음+무응답)	0.37

문항 25 좋아하는 나라・지역(52항목부터 복수 응답)

1	오스트레일리아	0.28
2	이탈리아	0.269
3	스위스	0.243
4	미국	0.241
5	프랑스	0.214
6	캐나다	0.201
7	영국	0.179
8	뉴질랜드	0.162
9	독일	0.146
10	스페인	0.136
	(특별히 없음+무응답)	0.288

문항 26 좋아하는 도도부현(48항목부터 복수 응답)

1	홋카이도(道)	0.495
2	교토부	0.365
3	오키나와현	0.331
4	도쿄도(都)	0.25
5	가나가와현	0.179
6	오사카부	0.178
7	나가노현	0.17
8	시즈오카현	0.147
9	나라현	0.143
10	나가사키현	0.132
	(특별히 없음+무응답)	0.101

문항 27 좋아하는 산(산계)(42항목부터 복수 응답)

1	후지산(富士山)	0.505
2	아소산(阿蘇山)	0.187
3	다테야마(立山)	0.135
4	사쿠라지마(桜島)	0.127
5	호타카다케(穂高岳)	0.123
6	다이세쓰잔(大雪山)	0.117
7	야쓰가다케(八ヶ岳)	0.114
8	시로우마다케(白馬岳)	0.113
9	자오산(蔵王山)	0.107
10	노리쿠라다케(乗鞍岳)	0.098
	(특별히 없음+무응답)	0.269

문항 28 좋아하는 강
(32항목부터 복수 응답)

1	시만토가와(四万十川)	0.3
2	모가미가와(最上川)	0.147
3	시나노가와(信濃川)	0.127
4	노네가와(利根川)	0.122
5	기소가와(木曾川)	0.114
6	나가라가와(長良川)	0.112
7	이시카리가와(石狩川)	0.109
8	텐류가와(天竜川)	0.104
9	기타카미가와(北上川)	0.094
10	도카치가와(十勝川)	0.064
	(특별히 없음+무응답)	0.421

문항 29 좋아하는 동물
(52항목부터 복수 응답)

1	개	0.633
2	고양이	0.339
3	돌고래	0.282
4	말	0.247
5	토끼	0.231
6	판다	0.231
7	코알라	0.195
8	다람쥐	0.194
9	레서판다	0.145
10	해달	0.143
	(특별히 없음+무응답)	0.14

문항 30 좋아하는 꽃
(50항목부터 복수 응답)

1	벚꽃	0.659
2	튤립	0.44
3	장미	0.429
4	코스모스	0.368
5	해바라기	0.335
6	매화	0.331
7	난	0.324
8	은방울꽃	0.317
9	백합	0.317
10	수국	0.302
	(특별히 없음+무응답)	0.101

문항 31 좋아하는 나무
(30항목부터 복수 응답)

1	벚나무	0.625
2	매화나무	0.343
3	대나무	0.284
4	소나무	0.262
5	미국산딸나무	0.226
6	은행나무	0.213
7	동백나무	0.205
8	자작나무	0.198
9	일본철쭉	0.186
10	물푸레나무	0.17
	(특별히 없음+무응답)	0.165

문항 32 좋아하는 새
(42항목부터 복수 응답)

1	휘파람새(꾀꼬리)	0.357
2	펭귄	0.326
3	백조	0.288
4	제비	0.251
5	학	0.245
6	동박새	0.23
7	잉꼬	0.221
8	카나리아	0.182
9	공작	0.164
10	부엉이	0.147
	(특별히 없음+무응답)	0.254

문항 34 좋아하는 음악 장르
(40항목부터 복수 응답)

1	엔카, 가요곡	0.36
2	영화음악	0.327
3	J-POP	0.299
4	클래식 음악(기악곡 등)	0.271
5	포크송	0.223
6	동요, 창가	0.202
7	드라마 음악	0.196
8	일본민요	0.157
9	뉴뮤직	0.147
10	재즈	0.141
	(특별히 없음+무응답)	0.103

문항 34   좋아하는 음악가
         (3명까지 자유 응답)

1	모차르트	0.109
2	베토벤	0.084
3	쇼팽	0.048
4	바흐	0.038
5	슈베르트	0.033
6	고가 마사오 (古賀政男)	0.023
7	하카세 다로 (葉加瀬太郎)	0.018
8	차이코프스키	0.017
9	사카모토 류이치 (坂本竜一)	0.014
10	오자와 세이지 (小沢征爾)	0.009
	(특별히 없음+무응답)	0.608

문항 35   좋아하는 미술가·아티스트
         (3명까지 자유응답)

1	고흐	0.046
2	피카소	0.042
3	모네	0.038
4	오카모토 다로 (岡本太郎)	0.032
5	레오나르도다빈치	0.031
6	르누아르	0.021
7	요코야마 다이칸 (横山大観)	0.017
8	라센 (Christian Riese Lassen)	0.015
9	히가시야마 가이이 (東山魁夷)	0.013
10	히라야마 이쿠오 (平山郁夫)	0.012
	(특별히 없음+무응답)	0.677

문항 36   좋아하는 작가
         (3명까지 자유 응답)

1	시바 료타로 (司馬遼太郎)	0.038
2	마쓰모토 세이초 (松本清張)	0.036
3	나쓰메 소세키 (夏目漱石)	0.034
4	니시무라 교타로 (西村京太郎)	0.025
5	아카가와 지로 (赤川太郎)	0.025
6	이쓰키 히로유키 (五木寛之)	0.021
7	후지사와 슈헤이 (藤沢周平)	0.02
8	미야베 미유키 (宮部みゆき)	0.02
9	야마사키 도요코 (山崎豊子)	0.018
10	와타나베 준이치 (渡辺淳一)	0.017
	(특별히 없음+무응답)	0.585

문항 37   좋아하는 악기
         (57항목부터 복수 응답)

1	피아노	0.5
2	바이올린	0.31
3	일본식북	0.236
4	사미센(三味線)	0.227
5	거문고	0.222
6	플루트	0.181
7	트럼펫	0.168
8	드럼	0.147
9	기타(acoustic guitar)	0.142
10	파이프오르간	0.139
	(특별히 없음+무응답)	0.227

문항 38 좋아하는 말
(62항목부터 복수 응답)

1	고마워	0.668
2	배려	0.443
3	건강	0.407
4	평화	0.374
5	상냥함	0.365
6	정직	0.349
7	행복	0.335
8	기운(건강)	0.329
9	밝다	0.327
10	솔직	0.324
	(특별히 없음+무응답)	0.072

문항 39 좋아하는 일본 역사상의 시대
(18항목부터 복수 응답)

1	쇼와(전후) (昭和：戰後)	0.274
2	에도 (江沢)	0.236
3	헤이안 (平安)	0.171
4	센고쿠 (戰国)	0.151
5	메이지 (明治)	0.134
6	아즈치・모모야마 (安土・桃山)	0.129
7	가마쿠라 (鎌倉)	0.1
8	아스카 (飛鳥)	0.093
9	쇼와(전전) (昭和：戰前)	0.088
10	나라 (奈良)	0.079
	(특별히 없음+무응답)	0.334

문항 40 좋아하는 역사상의 인물
(3명까지 자유응답)

1	오다 노부나가 (小田信長)	0.119
2	도쿠카와 이에야스 (德川家康)	0.087
3	사카모토 료마 (坂本竜馬)	0.083
4	도요토미 히데요시 (豊臣秀吉)	0.058
5	쇼토쿠 태자 (聖德太子)	0.037
6	다케다 신겐(武田信玄)	0.036
7	미나모토노 요시쓰네 (源義経)	0.023
8	사이고 다카모리 (西郷隆盛)	0.02
9	후쿠자와 유키치 (福沢諭吉)	0.018
10	노구치 히데요 (野口英世)	0.016
	(특별히 없음+무응답)	0.543

문항 41 좋아하는 일본 수상
(58항목부터 복수 응답)

1	고이즈미 준이치로 (小泉純一郎)	0.289
2	다나카 가쿠에이 (田中角栄)	0.187
3	요시다 시게루(吉田茂)	0.158
4	이토 히로부미 (伊藤博文)	0.141
5	나카소네 야스히로 (中曾根 康弘)	0.091
6	사토 에이사쿠(佐藤 栄作)	0.089
7	오부치 게이조(小渕恵三)	0.08
8	아베 신조(安倍晋三)	0.072
9	이케다 하야토 (池田勇人)	0.05
10	오쿠마 시게노부 (大隈重信)	0.044
	(특별히 없음+무응답)	0.418

문항 42 좋아하는 연령
(9항목부터 복수 응답)

1	20대	0.487
2	30대	0.329
3	10대	0.241
4	40대	0.172
5	50대	0.141
6	60대	0.127
7	10세 미만	0.071
8	70세 이상	0.049
	(특별히 없음+무응답)	0.145

문항 43 좋아하는 건강법
(47항목부터 복수 응답)

1	야채를 많이 섭취한다	0.524
2	목욕을 한다	0.504
3	숙면한다	0.474
4	균형있는 영양섭취를 한다	0.444
5	자주 웃는다	0.365
6	끙끙거리지 않는다	0.319
7	계절 음식을 먹는다	0.314
8	워킹을 한다	0.273
9	좋아하는 음식을 먹는다	0.272
10	취미생활을 충실히 한다	0.258
	(특별히 없음+무응답)	0.061

문항 44 좋아하는 문화·오락시설
(27항목부터 복수 응답)

1	온천·스파(spa)	0.427
2	수족관	0.376
3	공원·정원	0.374
4	영화관	0.318
5	동물원	0.281
6	도서관	0.274
7	미술관	0.267
8	쇼핑몰	0.254
9	유원지·테마파크	0.247
10	식물원	0.245
	(특별히 없음+무응답)	0.112

문항45 좋아하는 일본 영화
(3개까지 자유 응답)

1	남자는 괴로워 시리즈	0.073
2	낚시 바보 일지 시리즈	0.044
3	바다원숭이 시리즈	0.03
4	이웃집 토토로	0.028
5	7인의 사무라이	0.026
6	행복의 노란손수건	0.024
7	춤추는 대수사선 시리즈	0.024
8	무사의 1분	0.017
9	스물 네 개의 눈동자	0.016
10	센과 치히로의 행방불명	0.015
10	ALWAYS 3가의 석양	0.015
	(무응답)	0.514

문항 46 좋아하는 외국 영화
(3개까지 자유 응답)

1	로마의 휴일	0.077
2	타이타닉	0.049
3	해리포터 시리즈	0.04
4	바람과 함께 사라지다	0.037
5	케리비안의 해적	0.028
6	스타워즈시리즈	0.026
7	사운드오브뮤직	0.024
8	반지의 제왕	0.023
9	007시리즈	0.018
10	아마겟돈	0.018
	(무응답)	0.495

문항 47 좋아하는 계절
(5항목부터 복수 응답)

1	봄	0.688
2	가을	0.553
3	여름	0.299
4	겨울	0.129
	(특별히 없음+무응답)	0.063

문항 48 좋아하는 월
         (13항목부터 복수 응답)

1	4월	0.453
2	5월	0.451
3	10월	0.44
4	9월	0.256
5	8월	0.219
6	11월	0.205
7	3월	0.186
8	7월	0.181
9	6월	0.153
10	12월	0.147
	(특별히 없음+무응답)	0.102

문항 49 좋아하는 요일
         (8항목부터 복수 응답)

1	토요일	0.529
2	일요일	0.454
3	금요일	0.249
4	수요일	0.075
5	월요일	0.074
6	목요일	0.062
7	화요일	0.048
	(특별히 없음+무응답)	0.223

문항 50 좋아하는 시간대
         (9항목부터 복수 응답)

1	21~24시	0.312
2	18~21시	0.309
3	12~15시	0.191
4	9~12시	0.176
5	15~18시	0.097
6	6~9시	0.069
7	0~3시	0.057
8	3~6시	0.039
	(특별히 없음+무응답)	0.24

문항 51 좋아하는 색
         (40항목부터 복수 응답)

1	흰색	0.404
2	검은색	0.344
3	파란색	0.272
4	초록색	0.25
5	물색	0.242
6	빨간색	0.231
7	핑크색	0.226
8	베이지색	0.196
9	하늘색	0.195
10	노란색	0.195
	(특별히 없음+무응답)	0.1

문항 52 좋아하는 숫자
         (11항목부터 복수 응답)

1	[7]	0.401
2	[3]	0.252
3	[8]	0.221
4	[1]	0.203
5	[5]	0.191
6	[2]	0.121
7	[6]	0.073
8	[4]	0.06
9	[0]	0.057
10	[9]	0.056
	(특별히 없음+무응답)	0.245

문항 53 좋아하는 방향
         (5항목부터 복수 응답)

1	남	0.384
2	동	0.325
3	서	0.075
4	북	0.055
	(특별히 없음+무응답)	0.399

문항 54　좋아하는 한자
　　　　 (한 문자만 자유 응답)

1	심(心)	0.095
2	애(愛)	0.088
3	화(和)	0.059
4	성(誠)	0.031
5	락(樂)	0.026
6	몽(夢)	0.022
7	진(眞)	0.021
8	미(美)	0.02
9	행(幸)	0.018
10	우(優)	0.018
(무응답)		0.193

샘플 구성비

전체	성(性)		연대(年代)						
	남성	여성	16-19세	20대	30대	40대	50대	60대	70세이상
2394명	1109	1285	113	267	416	368	459	403	368
1	46.3	53.7	4.7	11.2	17.4	15.4	19.2	16.8	15.4

남성 연대							
16-19세	20대	30대	40대	50대	60대	70세이상	
48명	125	179	173	213	206	165	
0.02	5.2	7.5	7.2	8.9	8.6	6.9	

여성 연대							
16-19세	20대	30대	40대	50대	60대	70세이상	
48명	142	237	195	246	197	203	
0.027	5.9	9.9	8.1	10.3	8.2	8.5	

직업						
농림·어업	자영업	판매·서비스	기능·작업	사무·기술	경리·관리	
67명	190	208	301	417	96	
0.028	7.9	8.7	12.6	17.4	4	
전문·자유·그 외	주부	학생	무직	무응답		
79명	525	148	345	18		
0.033	21.9	6.2	14.4	0.8		

도시 규모				
동경 23구와 100만 이상 도시	30만 이상 도시	10만 이상 도시	5만 이상의 시정촌市町村	5만 미만의 시정촌市町村
436명	521	561	414	462
0.182	21.8	23.4	17.3	19.3

지역블록				
홋카이도·도호쿠	간토 고신에쓰	도카이·호쿠리쿠	긴기	주고쿠·시코쿠·규슈오키나와
288명	849	369	358	530
0.12	35.5	15.4	15	22.1

찾아보기

가까운 구미欧美 89
가로축 119, 137, 141, 144, 152, 157
가사 120, 121, 136, 142, 143, 145-148, 151, 152, 167
가쓰돈(덮밥) 7
가요곡 77-79, 170
가치관 119, 155-159, 161
기타지마 사부로北島三郎 81
간사이関西 56
간장 8-10, 150
간토고신에쓰 57-59, 97, 98
감각적인 질문 106
감소 31-33, 47, 48, 85, 95, 107, 109-111, 119, 148, 149, 151-153
강 94-98, 136, 138, 139, 142, 143, 146, 150, 170
개 7, 8, 27-30, 37-39, 150, 153, 170
개성적 157, 159
건강법 60, 69-72, 136, 139, 150, 173,
검정 119
게임을 한다 61-65
경합 47
경향 43, 54, 60-63, 69, 78, 89, 90, 96-98, 102, 107, 109, 111, 118, 130, 133, 137, 138, 140, 144, 147, 149, 151-153, 155, 157-159
계절 45, 106, 108-110, 112, 118, 133, 136, 138, 139, 147, 148, 173

고교 야구 45-48, 150, 167
고구마 13, 14
〈고령〉방향 25
고령층 5, 6, 11, 13, 15, 16, 18, 21, 32, 43, 47, 48, 51, 63, 64, 67, 69, 75, 78, 80-83, 90, 92, 99, 109, 111, 113, 123, 128
고마워 122-125, 129, 130, 150, 172
골프, 승마, 낚시 등의 스포츠 68
공생 관계 77
공유 7, 106, 119
과반수 13, 65, 74, 94
과실주(매실주 등) 20-23, 165
과일 3, 15-18, 25, 26, 136, 139, 166
과자・디저트 3, 18, 19, 25, 26, 136, 139, 146, 166
교차점 7, 38
구성비 140
구체적 응답자 134, 135, 138, 139, 140, 141, 144
국민적 인기대상 149
귀족시대 99
귤 15-17, 166
그 외 3, 25, 58, 60, 118, 133
기호 3, 106, 119, 147, 153, 156, 157, 161
긴기 57-59, 97, 176
꽃 27, 33-35, 37, 38, 40, 42, 136, 145, 146, 170
꽃의 금요일花金 109

찾아보기 **177**

ㄴ

나가카와 기요시永川きよし　80-82, 169
나라・지역　89-93, 96, 136, 139, 142, 143, 146, 149, 150, 169
나무　33-38, 41, 42, 136, 147, 149, 170
나쓰메 소세키夏目漱石　83, 84, 171
낚시를 한다　64, 65
난색계　115-117
남녀 연령층별　10, 12, 14, 17, 19, 21, 29, 32, 35, 36, 47, 49, 50, 54, 55, 62, 63, 66, 69, 71, 75, 76, 78, 79, 81, 83, 84, 86, 90, 99, 100, 102, 103, 107, 109, 111, 112, 114, 116, 122, 124, 128
남녀별　10, 22, 120
남녀차　6, 7, 25, 38, 64, 75, 93, 97, 140, 141, 142, 144-146
남성 고령층　13, 80-82, 123, 130
남성 신세대층　10, 15, 16, 18, 21, 47, 52, 63, 82, 107, 113, 122, 123, 128
남성 응답자의 비율　6
〈남성〉방향　7, 25
〈남성・고령〉적　7, 93, 142
〈남성・신세대〉적　6, 7
남성률　6, 7, 13, 25, 37, 39, 40, 41, 67, 68, 69, 72, 92-94, 96, 97, 115, 116, 118, 119, 125-127
남자는 괴로워 시리즈　85-87
남쪽　108, 109
넉넉히　126, 127
녹차　11, 12, 165
뉴스・뉴스쇼　74-76

ㄷ

다양화　155-167
다운타운ダウンタウン　82
다이후쿠(찹쌀떡)　18, 19,166
단차段差　104, 105
대소大小　23, 142, 145, 151
대수 눈금　119, 141, 144, 152
데이터　65, 131, 155-157, 160, 161
도도부현(행정구역)　94-99, 136, 147, 148, 151, 152, 169
도라야키どら焼き　11, 18
도리비とりビー　20
도카이・호쿠리쿠東海・北陸　56-59, 97
동물　27, 28, 37-39, 136, 139, 146, 150, 170
된장　9-11, 150, 165
두 축　7, 38, 64, 67, 69, 93, 97, 157
딸기　3, 15-17, 150, 166

ㄹ

라멘ラーメン　4-7, 10, 23, 24, 165
릴리・프랭키リリー・フランキー　83, 84

ㅁ

마라톤　45-49, 167
마쓰모토 세이초松本清張　83, 84, 171
마이너스 이미지　159
말　121-130, 136, 142, 150, 172
매　32, 39, 40

매스컴·문화　136, 137, 141, 145
맥주　3, 20, 21-24, 150, 165
먼 아시아　89, 92, 93
무관심　51, 52
무사시대　99
무응답　18, 23, 42, 58, 59, 83, 107, 109, 111, 112, 127, 133-135, 138, 151, 152
문화·오락시설　65, 85, 136, 146, 173
미디어　74, 77, 80
미술가·아티스트　171
미스터리 작가　83

방향　13, 106, 108, 109, 118, 119, 133, 136-139, 142, 147, 148, 151-153, 155, 174
배드민턴　49-51, 168
배려　122-127, 129, 130, 172
배부 회수법　147, 165
배추　13, 14, 166
벚꽃　27, 33-36, 38, 40, 41, 148, 153
벚나무　33, 35-38, 41, 148, 170
변심　104
보는 스포츠　45-47, 49, 51, 53, 136, 139, 145, 146, 150, 167
보도색　75
보석·천연석　136, 139, 142, 143, 145, 146, 149, 150, 167
복수 응답　3, 133
본고장 지향　97
볼링　45, 46, 47-51, 150, 168
봄　108, 109, 139, 148, 153, 173
봄의 사자使者　31, 32

부화뇌동附和雷同　157-159
분산　7, 25, 38, 67, 115
분포　13, 25, 69, 125, 137, 144, 152
분포도　6, 7, 15, 26, 38, 63, 67, 72, 92, 96, 115, 126, 137
비율　3, 5, 6, 23, 27, 42, 43, 45, 51, 56, 58, 60, 74, 85, 89, 104, 107, 109-112, 119, 120, 122, 134, 140, 147, 151, 155
비트 다케시ビートたけし　81, 82

사고방식　155, 156
사회(역사)　101, 167
산(산계)　33, 94-98, 136, 138, 139, 142, 146, 149, 150, 169
새　31, 32, 40, 78, 170
색깔　112-114, 116
생활신조　126, 128
선두　18, 27, 28, 31-33, 37, 38, 47, 49, 51, 52, 54, 56, 57, 60, 61, 63, 65, 67, 69, 74, 75, 77, 78, 80, 82, 83, 90, 93-97, 99, 102, 108, 109, 112, 147-151, 155
선택지　3, 5, 9, 13, 22, 25, 28, 31, 33, 47, 52, 57, 60, 61, 69, 90, 96, 118-120, 125, 129, 133-
135, 138, 144, 147, 149, 153, 155
선택지 방식　13, 60, 133
선호　16, 20, 21, 25, 30, 38, 39, 43, 45, 47, 48, 51, 54, 56, 60, 65, 68, 69, 74, 75, 77, 78, 81, 82, 94, 97, 98, 101, 102, 106, 107, 109, 129, 143, 144, 153
선호 비율　56
세대교체　6

찾아보기 **179**

세로축 119, 137, 141, 144, 152, 157
세리그·파리그CENTRAL LEAGUE·
 PACIFIC LEAGUE 56
센고쿠戰国 99
쇼와昭和 인기 99
수예·편물·공작을 한다 64
숙면한다 69
술을 즐긴다 72
숫자 xiii
스시(초밥) 3
스위스 90
스포츠 선수 xiii
슬롯머신을 한다 64
시간대 xiii
시네콤(=시네마 콤플렉스: cinema
 complex) 85
시대의 키워드 155
시만토가와四万十川 94
시바 료타로司馬遼太郎 83
신념 126
신문기사란 xiii
〈신세대〉방향 25
〈신세대〉적 6
신세대층 11, 51
실내 지향 63
실외 지향 63
싫고 좋음에 따른 애착 42, 159
심心 127
쏠림 25

아쓰미 기요시渥美清 86
아에모노(무침) 7, 8

아이스크림 11, 18, 19, 166
악기 78, 136, 142, 150, 171
애愛 127-130
애착 밸런스 159
야구 46, 47, 49, 50, 51, 53, 54, 59, 158,
 168
야채 3, 8, 11, 13-16, 18, 69, 136, 138,
 142, 147, 166
야채를 많이 섭취한다 69-73
야키니쿠·텝판야키(불고기·철판구
 이) 6-8, 24, 165
야키토리(꼬치구이) 7, 8
양배추 13, 14, 166
에스테틱 60, 68
NHK방송문화연구소 155
엔카 77-81
엔카, 가요곡 77-79, 170
여가 15, 60, 61-64, 67, 69, 74, 85, 136,
 137, 139, 141, 142, 144-146, 150, 155,
 167
여론 조사 134, 147, 155, 161
여성 고령층 13, 15, 16, 51, 63, 117,
 125
여성 신세대층 10, 15, 18, 52, 65, 82,
 86, 109, 117, 128
여성 응답자의 비율 6
여성 중년층 13, 92, 107, 109, 130
〈여성〉방향 7, 25
〈여성·고령〉적 8, 13, 23, 25, 38, 69,
 125, 144
여행 장르 60, 65-69, 136, 168
역사상 인물 81, 102, 103, 172
역전 마라톤 45-48
연령대 52

연령별 11, 16, 30, 48, 128
연령차 6, 7, 25, 64, 93, 97, 140, 141, 142, 145
연령층 8, 13, 16, 18, 21, 30, 34, 47, 51, 75, 78, 112, 123, 141, 145, 146
예능색 75
오다 노부나가織田信長 102, 103, 172
오스트레일리아 89, 90-93, 149, 150, 169
50세 미만율 6-8, 13, 25, 37-41, 64, 65, 67-69, 72, 73, 92-94, 96, 97, 115, 116, 118, 119, 125-127, 140-142
오차 범위 10, 32, 98, 107, 147, 148, 151
오키나와현沖縄県 94, 95, 97-99, 169
오하기(팥떡) 18, 19, 166
오히타시(나물무침) 7, 8
온천·스파 65, 173
온천·온천욕 치료 65-67, 168
외국 영화 85, 173
요리 3, 4, 6-9, 23, 24, 165
요미우리 자이언츠Yomiuri Giants 54, 56, 149, 150
요시이Yoshi 83, 84
요일 108, 174
우라와 레드Urawa Reds 57
우송법 28, 54, 147
월 110, 111, 174
유도리(여유)교육 105
유효 응답자 43, 97, 107, 134, 135, 138, 140
융통무애融通無碍 157-159
음감이 좋은 122
음료 11, 12, 165

음악 장르 77-79, 136, 139, 170
음악가 78, 171
응답률 134-139, 144, 145, 152
응답자율 134-146, 151-153
응집 25
의류패션 136, 145, 146, 166
이미지 45, 96, 107, 119, 122, 159
이번(2007년) 조사 3, 6, 8, 21, 28, 42, 47, 60, 69, 86, 95, 96, 104, 119, 121, 133, 134, 140, 143, 147, 149, 153, 158
20대 80, 148, 173
이치로イチロー 52-54
인기 조류 31, 32
일본 수상 74, 136, 139, 172
일본 역사상(의) 시대 99, 100, 136, 139, 150, 172
일본 영화 85, 86, 173
일본 프로야구팀 56, 136, 139, 141-143, 149, 150, 168
일본 프로축구팀 57, 58, 136, 138, 139, 141-143, 146, 168
일본인의 마음 33, 78
일본인이 좋아하는 것에 관한 조사 147, 155, 156, 161, 162표165

자연·감각 136-138, 142, 144, 145
자유응답방식 80, 102, 133
작가 83, 84, 171
작명 122
장르별 5, 142, 144
장식품·소품 150, 166
J-POP 77-79, 82, 170

J1 57, 58
J리그 46, 58, 158
조미료 · 향신료 3, 9, 25, 26, 136, 139, 142, 150, 165
주거 형태 146, 147, 151, 153, 166
주고쿠 · 시코쿠 · 규슈오키나와中国 · 四国 · 九州沖縄 56-59, 97, 98
주니치 드라곤즈Chunichi Dragons 56
주류 20-24, 134, 140, 165
중간색계 115
중년층 21, 51, 52, 75, 80, 82, 107, 109, 123, 125, 128
중학교 학과목 104, 105, 136, 142, 143, 147, 167
지난번(1983년) 조사 5, 9, 28, 31, 54, 61, 80, 90, 96, 98, 99, 106, 119, 147
지리 · 역사 136-139, 142, 145, 표153
지방별 51, 56-58, 102, 109
지지 없음 158
지지율 3, 7, 9, 11, 13, 15, 16, 18, 21, 22, 25, 27, 30, 31-34, 38, 42, 44, 45, 47, 48, 51-53, 56, 57, 60, 63, 64, 67, 69, 74, 75, 78, 80-83, 85, 89, 90, 93-95, 97, 98, 101, 102, 107-110, 112, 128, 130, 147-151
지표 138, 140, 144
직업별 28, 44, 47, 69, 90, 96, 149
직접 비교 5
집중 7, 13, 38, 54, 69, 81

청춘 시절 77, 80
초등학교 학과목 101, 104, 105, 136, 142, 143, 150, 167
초목을 돌본다 61-65
초콜릿 18, 19, 166
축구 45-51, 59, 158, 167
취향 8, 10, 20, 22, 25, 47, 54, 60, 64, 67, 72, 78, 82, 83, 85, 97, 104, 106, 113, 153
치유 60, 125-127

커피 11, 12, 44, 165
코子 사용 않기 122

태도 변화 153
탤런트 · 가수 80-83, 169
테마별 1
토요일 106, 108, 109, 148, 151, 174
통계적 10, 32, 33, 42, 43, 97, 98, 107, 138, 147, 148
특별히 없음 3, 18, 23-25, 42, 51, 58-60, 107, 109, 111, 112, 118, 120, 122, 133-135, 138, 151, 152, 158
TV를 본다 15, 60-64, 74, 150, 167
TV프로그램 장르 75-77, 136, 139, 142

ㅍ

8八 106, 119
페럿(흰족제비) 28, 39, 42
펭귄 31-33, 40, 170

폰스(pons) 9-11, 165
풍조 99, 113, 123
프로야구 45-48, 54, 56-59, 150, 167
플러스 이미지 159
피겨스케이트 45-48, 167
피자 7, 8
필수어휘 125

흰색 106, 112-115, 148, 149, 174

하는 스포츠 13, 45, 49, 51, 53, 136, 139, 142, 145, 146, 150, 168
하라 다쓰노리原辰德 53, 54
하마사키 아유미浜崎あゆみ 80, 82, 82, 169
한국 89, 90, 92, 93
한색계 115-117
한신 타이거즈HANSHIN Tigers 56
한자 127-130, 175
헤이안平安 99-101, 172
홀고 짝저 107
홀로 우승 155, 158
홋카이도·도호쿠北海道·東北 56-59, 97, 109
홋카이도北海道 89, 94, 95, 97
화和 127
화조풍월 133, 138, 146, 153
획일적 157, 159
획일화 155, 156, 158
후지산 33, 89, 94-97, 106, 149, 150, 169
후쿠오카 소프트뱅크 호쿠스Fukuoka SoftBank Hawks 57
휘파람새 31-33, 37, 38, 78, 170